JN439725

쿨한 엄마의 진실

쿨한 엄마의 진실

강나현 에세이

● 여는 글

나의 물꽃에게

빗방울이 바닥에서 꽃을 피우는 날, 10년 동안 써왔던 글을 모아 첫 에세이집 《쿨한 엄마의 진실》을 냅니다. 미망으로 살아가는 이야기를 통해 독자들에게 힘을 주고 싶었지만 부끄러운 글이 되었습니다. 지도해 주신 교수님들과 따뜻하게 보듬어 주신 모든 분들께 머리 숙여 감사드립니다.

2011년 여름
까치마을에서 **강 나 현**

제2장
산이 내게로 왔다

제3장
어젯밤 이야기

제4장

어린 천사

제5장

더디디더딘 사랑

제6장
새로 찾은 대화법

제1장

남매바위

대학 졸업장이 꼭 있어야 할까

'한 그루의 사과나무가 죽으면 그 자리에 또 하나의 사과나무를 심어라.'라는 말이 있다. 아이들 잘 키우는 것이 엄마의 도리요 의무였지만 나만의 그 무엇이 필요했다.

하고 싶은 일이 무엇일까.

초등학교 때부터 고등학교 때까지 문예반이었으니 문예창작을 하는 것이 좋을 것 같았다. 문학아카데미에 등록했다. 아이들에게 컴퓨터 사용법을 배워 독수리 타법으로 자음과 모음을 한 자 한 자 찍어냈다. 처음의 글은 죄다 타령뿐. 행복한 문장은 없었다. 그런 글을 발표했다가 신세타령만 한다고 교수님께 박살이 났다. 그렇거나 말거나 한풀이용 글을 썼다. 이상한 일은 언제서부턴 내 안의 상처가 아물어가기 시작했다는 것이다.

2002년 봄날, 교수님은 백일장을 준비하라고 했다. 다른 작가의 글을 필사한 후에 작품을 쓰기 시작했다. 동전만 한 크기로 맨살이 드러났는데, 한 군데도 아니고 세 곳이라니. 머리를 숙이면 가관이었다. 피부과에 가서 주사를 맞은 자리에 새로운 머리카락이 나왔는데 신기하게도 흰머리였다. 원형탈모증으로 펑크난 부위가 노력의 징표 같아 싫지는 않았다.

서울시 백일장에서 장원을 했다. 이 교수님의 지도 덕분이었다. 하지만 상이 족쇄가 됐다. 이름값을 해야 하는 부담이 기쁨의 곱절이었다. 운 좋아 상은 탔지만 큰일이었다. 기초 없는 나의 글 솜씨를 나는 잘 알고 있었다. 누가 봐도 엉터리가 아닌 글을 쓰고 싶어서 대학에 진학하기로 했다.

특별전형으로 3군데 대학교 문예창작과에 원서를 냈다. 모두 합격이었는데 집과 가까운 학교에 등록했다. 2003년 겨울, 만학도가 됐다. 입학식 날, 새내기들은 학교 마당에 서서 애국가를 합창했지만, 나는 차 안에서 애국가 제창을 하고 국기에 대한 맹세도 했다. 입학식이 끝나고 차에서 내려 동기들의 꽁무니에 붙어서 강의실로 들어갔다. 수능을 치고 입학한 동기들은 내 자식보다 나이가 어렸고, 어떤 교수님은 내 막냇동생보다 아래였다.

제일 큰 문제는 교수님의 말을 알아듣지 못하는 것이다. 매번 뒤에 앉은 친구에게 무슨 과제를 내줬는가 물었다. 똑같은 수업시간에 다 같이 들었는데 나만 이해를 하지 못했다. 자꾸 물어보니까 내 곁에 남아 있는 아이가 없었다. 지금 생각하면 웃음이 나지만 그 때는 휴학을 생각하리만치 심각했다.

대학 졸업장이 꼭 있어야할까? 아이들 등록금과 내 등록금을 합한 금액이 천만 원이 넘는다. 학자금 대출까지 받아서 굳이 내가 학교에 다녀야 할 이유가 있을까. 그렇게 생각하다가도 평생 나를 쫓아다녔던 대학 졸업장 콤플렉스에서 벗어나야 한다는 강박관념과 기초공사 없이 집을 지은 글을 묵과할 수 없었다.

집안은 늘 이사갈 집처럼 어질러져 있었다. 청소는 미뤄두고 좋은 학점부터 따자! 휴일에는 도서관에서 책에 파묻혀 살았다. 젊은 시절에는 공부하기 싫었는데 이제는 하면 할수록 재미가 있었다. 아침 등굣길에 스피커에서 가수 김범수의 '보고 싶다'라는 곡이 흘렀다. 그 음악을 들으며 강의실로 들어가면 하루가 촉촉했다. 하루도 행복하지 않은 날이 없었다.

1학년 1학기 시험이 끝난 후 장학금을 받았다. 불혹의 나이에 다른 학생에게 양보하지 않고 장학금을 타기 위해 눈에 불을 켜고 공부하는 내 모습이 욕심스러웠지만 포기할 수는 없었다. 장학금이 탐나서가 아니다. 절망하지 않고 미래를 개척하는 모습을 아이들에게 보여주고 싶어서였다. 아이들을 먼저 졸업시키는 것이 우선이라는 생각에 2년 동안 휴학을 한 후에 다시 복학했다. 마지막 학기에는 성적이 좋아도 장학금이 지급되지 않았지만 나는 죽기 아니면 살기로 공부했다. 시 과목만 A, 모든 과목이 A+였다. 대학 졸업장은 내 안에서 희망으로 자라는 사과나무였다.

남매바위

저녁 무렵 경포에 도착했다. 차를 주차장에 주차시키고 해변으로 갔다. 모래사장에서 바다를 보면 오리 정도의 거리에 작은 바위가 있고 그 바위에서 조금 더 떨어진 곳에 또 하나의 바위가 있는데, 고향 사람들은 남매처럼 나란히 서있는 바위를 오리바위와 십리바위라고 부른다.

바위를 보니 갑자기 욕을 해보고 싶다는 충동이 일었다. 체증처럼 막혔던 속병을 저 바다에 배설하자.

큰 녀석부터 시작한다. 타잔이 산 속에서 동물을 부르는 것 같이 큰 소리로 하자. 아무도 듣는 사람이 없다. 소리를 냈지만 입 안에서 맴돌았다. 용기 내어 한 옥타브 올렸다. "왜 엄마에게 이야기하지 않고 엠티를 가는 거야.

그리고 벌써 졸업하여 회사에 다녀야 할 녀석이 지금에서야 공부하니? 엄마의 꿈은 그게 아니라 네가 남들처럼 큰 회사에 입사하여 좋은 부인을 얻어 행복한 가정을 꾸미는 거야."

다음은 막내.

"이제 다 컸다고 간섭하지 말고 그대로 두라고? 어떻게 키웠는데 고런 소리를 하냐?"

거기까지 했는데 그 다음부터 말이 이어지지 않았다. 곰곰이 찾아봤다.

'고렇게 짠순이처럼 굴 거야?' 그 다음은 더 이상 나오지 않았다.

내 말을 들은 바위가 말을 걸어왔다. '별 거 아니네, 엠티 가는데 연락을 못했을 수도 있고 공부는 지금이라도 잘 하고 있으면 되는 것이지. 그리고 편의점을 하면서 열심히 돈을 버는데 무슨 꼬투리?'

'다 큰 아이들에게 감 놔라 대추 놔라 잔소리하는 어른이 글렀지. 짠순이라고 하는데 그 녀석 요사이 용돈 달라고 손 내밀어 본 적이 있어? 자신에게도 돈을 쓰지 않는데 무슨 걱정?'

바위 말이 맞는 것 같기도 했다. 우울증을 여행이, 자연이 치유해줄 것이라 믿고 떠나왔다.

정신 놓은 여자처럼 소리쳤다. 아이들이 초등학생 때, 무심코 아이들을 새끼라고 부른 적이 있다. 영동지방에서는 흔히 쓰는 말로 그리 대단한 말이 아니었는데 남편은 난색을 하면서 정 그런 말을 하고 싶으면 녀석이라 하라고 했다.

남편이 금지시켰던 욕을 하고 나니 속이 뻥 뚫린 기분이었다. 속에 담아 두었을 때에는 큰 사건으로 여겨졌는데 막상 입으로 뱉고 보니 아무 것도 아닌 일이 되었다. 혼자 소리치기는 고민을 안에서 밖으로 꺼내 객관적으로 보는 작업이었다.

나는 내게 말했다.

"문제는 바로 너야. 넌 아직도 옛날 생각에 사로잡혀 있어. 쿨한 엄마가 되어봐. 툴툴 털고 평화를 위해 살아야 해. 행복한 것, 아주 행복한 것이 무엇인가를 생각해봐."

그 사이에 후텁지근한 열대야가 수평선 너머로 날아가고 있었다.

우산과 고로쇠나무

아들이 체크무늬 우산을 내밀었다. 화창한 날씨에 왜 우산을 주느냐고 물으니 예전에는 헌혈하면 적십자사 측에서 빵과 우유를 줬는데 이번에는 우산을 선물했단다.

남편이 병원에서 투병하던 봄날이었다. 주치의가 혈소판이 부족하다고 하면서 상처가 나면 과다출혈로 사망할 수 있다고 했다. 헌혈실로 뛰어가니 보관된 혈소판이 없어 적십자사에 연락을 했는데 그곳에서도 없다고 했다. 힘없이 계단에 주저앉았다.

막냇동생 친구들과 고종사촌 친구가 몇 차례 헌혈했기 때문에 더 이상 부탁할 곳이 없었다. 사촌동생 인곤이에게 전화했다. 인곤이는 친구가 장교로 군 복무 중인데 그 친구에게 부탁해보겠노라 했다. 전화를 받은 인곤이의 친구는 흔쾌히 헌혈하겠다는 군인을 병원으로 보냈다.

군인들이 일렬로 침대에 누웠다. 그 곁에 인터넷에서 환자에게 투여

할 피가 모자란다는 글을 보고 찾아온 소녀도 있었다. 푸른색 군복이 고로쇠나무 잎사귀로 보였다. 간호사가 군인과 소녀의 팔에 주사기를 꽂고 줄을 이었다. 간호사가 나무에 구멍을 내고 비닐호스를 연결하여 수액을 채취하는 사람으로 보였고, 군인이 고로쇠나무 같았다. 기계에서 분리된 혈소판은 플라스틱 봉지에 모아졌고 나머지 혈액은 다시 군인의 몸으로 들어갔다. 감사하는 마음을 약간의 지폐에 담아 연둣빛 주머니에 넣었더니 헌혈 덕분에 외출할 수 있었다면서 사양했다.

군인을 배웅하고 병실로 돌아오니 혈소판이 방울방울 남편의 팔에 스며들고 있었다. 남편은 가만히 일어나 창가로 갔다. 멀리 보이는 덕수궁에서 철쭉이 각혈하듯 피를 토했고, 구겨진 환희는 햇빛을 받아 긴 그림자를 드리웠다.

도와준 보람 없이 남편은 우리 곁을 영영 떠났다. 장례식을 마치고 헌혈한 분들을 찾아뵙고 감사드리고 싶었지만 마음뿐. 나는 아이들에게 은혜에 꼭 보답해야 한다고 했고, 아이들은 보답하는 마음으로 헌혈을 했다. 적십자사가 우산을 준 이유는 누군가의 우산이 되어주자는 무언의 약속이었으리라.

냉동서랍장으로 퇴원한 그대

그의 심전도계가 소리를 내며 길게 가로를 그었다.

의사가 차트에 0이 된 혈압을 기록했다. 십 개월 동안 병의 증세를 기록하는 것을 본 나에게는 여느 때와 다름없는 의사의 행동으로 인식됐다.

추석빔으로 산 바지와 티셔츠를 입히는데 조금 전까지 가벼웠던 몸이 무쇠 같았다.

아이들의 도움을 받아 새 옷을 입은 그의 눈가에 눈물이 맺혀 있었고 입가에는 미소가 번져 있었다. 어디에선가 들었는데 죽은 순간에 생애의 순간이 슬라이드처럼 펼쳐진다고 했다. 그도 지난날을 사진으로 보고 있었을까.

사망진단서를 발급받고, 병원비를 계산하는 사이에 바퀴 달린 침대차가 와서 그를 옮겨 뉘었다. 막냇동생은 병원에서 사용했던 물건을 챙

겨 집 쪽으로 가고, 우리가족은 병원 현관에서 구급차에 탔다. 아이들은 아빠의 손을 잡고 울었지만 나는 울지 않았다. 숨을 쉬지 않아도 그대가 내 곁에 있었기에.

판교 톨게이트를 지나 장례식장이란 간판이 보이는 병원에 도착했다. 그의 사무실과 가깝게 있는 동네 영안실로 가자고 동생들과 상의했었는데 장례식장이라는 문구가 낯설었다.

차가 엘리베이터 앞에 멈췄다. 기다리던 사람들이 그를 침대차에 옮겨 엘리베이터에 태웠다.

그제야 그가 우리 곁을 영원히 떠난다는 것을 알았다. 망자에게서 마지막까지 남는 것은 청각이랬다.

귀에 입을 대고 생전에 한 번도 들려주지 않았던 사랑을 고백하며 많은 잘못에 대해 용서를 빌었지만 끝내 입을 열지 않았다. 그는 관 크기의 네모진 서랍장으로 들어갔다. 왜 서랍냉동고에 들어가야만 하지? 세상에 둘도 없는 거짓… 잘못… 엉터리….

이제 나는 거칠게 울부짖는 산짐승이 되어 장례식장으로 갔다. 남편은 국화로 환생한 것처럼 노란 꽃 속에서 웃고 있었다. 사진에 왜 까만 테를 둘렀지.

얼굴이 왜 슬퍼 보이는 거야. 평소에 그는 외로웠을까.

그에게 말을 건넸다.

"우리 아이들 어떡해?"

"당신이 잘 알아서 하겠지."

"거기 어때?"

"뭐……."

그는 평상시처럼 몇 마디였고 나는 여전히 재잘댔다.

천주교 묘지에 그를 묻고 돌아오는 날 하늘은 배신감 들게 맑았다.

왜 사느냐 묻는다면

루이제린저가 지은 '왜 사느냐고 묻거든' 이라는 책을 읽었다. 7년 전 친구에게 받은 선물인데 문장을 이해하기 어려워 책장에 꽂아 두었다가 오늘에서야 끝까지 읽었다. 한 문장 한 단어도 소홀함이 없는 책. 한 줄도 그냥 흘러 보내지 않았다.

원제는 '모순과의 결혼식'이다. 작가는 매일처럼 독자의 편지를 받았는데, 그에 대한 답장을 모아 책으로 엮었다. 절망을 바라보는 시선, 신에 대한 인식, 정신분열에 의한 것, 사랑에 이르는 계단, 결혼의 밤과 낮, 교회, 규범, 섹스, 죽음에 대한 이야기였다.

제목은 간판과 같아 흥행에 반을 차지한다. 친구가 이 책을 선물한 이유는 책의 제목이 마음에 들어서였고, 책을 읽고 용기를 얻기 바라는 마음도 있다고 했다.

책을 읽은 후, 나는 나에게 왜 사느냐고 묻는다. 세상에 태어났으니 살아갈 수밖에 없다. 내 의지로 태어난 목숨이 아니니 마음대로 할 수 없다. 자연스럽게 가는 날까지 순리에 순응하며 살아야 하기 때문이다.

자식을 위해서 살아야 한다. 아이들도 자신의 의지와는 상관없이 세상에 태어났다. 내가 아이들을 태어나게 했으니 건강하게 자라도록 책임을 져야 한다.

행복하기 때문에 오래 살아야 한다. 아침에 눈을 뜨면 의식적으로 "행복해." 혼잣말로 중얼거린다. 그런 말을 하는 까닭은 행복하지 않기 때문이었다. 반복하니 실제로 행복한 생각이 들었다.

새로 맞이할 며느리와 사위가 기대된다. 내가 낳은 자식은 둘이지만, 새로 만난 인연으로 자식이 둘이 더 생겨 기쁘다. 사위에게는 씨암탉을 잡아 대접하고, 며느리는 현금 넣은 봉투를 줘서 직접 옷을 골라 입게 한다. 시어머니와 나처럼 한 번도 다투지 않고 살아가기로 한다. 로마의 철학자 에피테토스는 '좋은 사위를 얻은 사람은 아들 하나를 얻은 셈이고, 나쁜 사위를 얻은 사람은 딸 하나를 잃은 셈이다.'라고 했다. 나쁜 사위를 얻었다고 하면 장모가 잘하면 좋은 사위가 될 것이며, 못된 며느리를 얻었다면 내가 잘하면 며느리도 잘하리라.

손자들이 기다려진다. 혹자는 남편이 돌아가시고 살고 싶은 의욕이 없었는데 손자가 생기고부터 새로운 인생이 열렸다고 했다. 한 명의 손자가 세 명의 아들보다 귀엽다고 랍비 에레아잘도가 그랬다. 실제로 그럴 것 같다.

해외여행을 하고 싶어서이다. 적금을 들어 목돈이 생기면 크루즈 세계여행을 떠나기 위해서 운동을 해야 한다. 한 번 세상에 나온 몸인데 지구가 어떻게 생겼으며 다른 나라 사람은 어떻게 살고 있는지 구경은 해야 하지 않을까.

내가 아팠을 때 횟집에 야채 배달하던 부모님은 장사를 잠시 접고 병실에서 나를 지켜주었다. 늙어 거동이 불편하시면, 착한 마음으로 돌보기 위해서 수양을 쌓아야겠다. 누군가 내게 왜 사느냐고 묻는다면, 위에서 열거한 것처럼 아직도 내게는 할 일이 많고, 하고 싶은 일도 많기 때문이라고 대답하겠다.

손톱에 꽃을 새기는 여사들

여름에 들인 봉숭아물이 겨울까지 손톱에 남아 있으면 사랑이 찾아온다는 전설이 있다. 어머니가 손녀에게 봉숭아 물들여줄 테니 강릉으로 내려오라고 했다.

휴게실에 들러 우동을 먹고 졸리면 차 안에서 한 숨 자다가 강릉에 늦게 도착하면 어머니는 아파트 앞 길가에 나와서 우리를 기다렸다가 딸과 내 손을 잡고 집으로 들어갔다.

냉장고에 보관해 둔 봉숭아꽃과 잎사귀에 백반을 넣고 절구통에서 곱게 빻아 딸의 열 손가락 위에 올려놓고 비닐종이로 감싼 뒤 반창고로 붙여놓는다. 옛날에 어머니가 봉숭아 물들여줄 때는 피마자잎사귀로 손가락을 싼 후에 실로 꽁꽁 묶어 자고 나면 손가락 근처까지 빨간 물이 들었는데, 요사이는 살에 매니큐어를 발라 손톱에만 봉숭아물이 든다.

어머니는 봉숭아물을 들이면서 손녀의 신랑감이 나타나기를 기다린다. 속으로 "봉숭아 물들일 사람은 나구먼, 봉숭아가 내 손가락에서 겨울까지 피어 있으면 엄마는 또 다른 사위를 볼 수 있을 텐데."라고 혼잣말을 한다. 내 속을 훤히 들여 보신 것 같이 뜬금없는 말씀을 한다.

"남자가 생기더라도 집으로 들이지 마라."

장모보다 세상을 먼저 하직한 사위, 호적에서 제적이라고 빨간 줄이 간 사위, 당신 딸의 가슴에 못을 박고 떠난 사위만 인정하겠다는 말이다.

"예, 이 나이에 남자 양말 빨아주게 생겼어요?"

"양말은 세탁기에 넣으면 될 일이지만 남자 뒷바라지가 그리 쉬운 일이 아니다."

손녀가

"할머니는 어떤 손녀사위가 좋으세요?"라고 물었다.

"인물 보지 마라. 돈은 적당히 있으면 되고, 인품이 좋아야지."

투박한 질그릇에 귀한 음식이 담겨 있을 수 있다는 어머니는 외면을 중요하게 생각하지 말고 내면을 중요하게 여기라고 하신다.

손톱에 봉숭아물을 들인 딸이 발가락까지 물들여 달라며 발을 내밀고 있다. 여자들만의 이야기가 소록소록 커 가는 사이, 봉숭아도 발톱에서 사박사박 붉은 꽃을 피운다. 꽃잎을 따다가 몸에 새기는 섬세함과 느낌은 여자만이 느낄 수 있는 감정이랄까. 봉숭아물을 들일 때마다 여자로 태어난 것이 축복이라는 느낌이다.

순이의 외나무다리

스물두 살 나던 해에 중매쟁이 안방에서 맞선을 보고 산골에서 읍내로 시집왔다.

팔순을 바라보는 순이는 지금도 그 중매쟁이를 만나면 절대 가만 두지 않겠다고 벼른다. 그 이유는 많다.

10남매 중에 9번째인 순이는 막내나 다름없다. 집안일은 오빠와 언니의 몫이어서 하얀 천을 수틀에 끼워 수를 놓다가 심심해지면 앞마당에서 자라는 감나무에 올라가 놀았다.

순이가 냉수 먹고 이빨 쑤신다는 충청도 양반댁에 시집을 가서 종부가 됐다.

결혼 후, 순이의 유일한 친정 나들이는 어머니가 돌아가실 때였다. 행주치마를 벗고 깨끗한 옷을 갈아입은 순이는 평야처럼 넓은 냇가 위에 세워진 외나무다리를 건너 향호리에 도착했다.

순이는 결혼 후에 처음 재회한 어머니 곁에서 조용히 울었다. 마음의 저 밑바닥에는 막내가 웅그리고 있었지만 겉으로는 맏며느리의 위엄도 갖춰야했다.

남편은 꽤 큰 목선을 가진 선주가 되어 객지에서 지내는 날이 많았다. 시어머니가 돌아가시고 1년 상을 지낸 후에 남편은 시아버지 밥상에 어김없이 반주를 올리라는 명령을 내렸다. 당장 땟거리도 없는 마당에 매일 소주를 사서 따뜻한 밥상에 올리는 순이는 하루에도 열두 번 도망가고 싶었다.

남편의 배에서 불이나 바다에 침몰했다. 순이는 더 이상 산골짝 여인이 아니었다.

소돌 해수욕장에서 감자 부침개를 팔고, 때로는 복숭아 광주리를 머리에 이고 골목을 누비면서 복숭아를 팔기도 했으며 비린내 나는 부둣가에서 오징어 배를 가르고 품삯을 받아 생계를 유지했다.

자식 농사를 하여 반타작도 못했다. 병원비가 없었기 때문이다. 순이의 이야기는 석 달 열흘 해도 모자랄 만큼 많다. 그러나 6.25 전쟁이 끝난 후에 누구나 가난했고, 여자를 귀하게 여기지 않은 시대에 살았다는 것을 알기에 받아들이기로 하지만 며느리란 이유만으로 무시당했던 관습에 대해서는 아직도 받아들이기가 곤란하다.

순이는 이제 허리가 굽은 할머니가 됐다. 하지만 야채장수님이시다. 직원은 한 명도 없지만 회장님은 남편이고 순이는 사장님이다. 트럭에 야채를 그득 담고 강문과 경포를 돌면서 횟집마다 야채를 공급한다.

25년 동안 거의 장사를 거른 적이 없다.

이마에 몇 개의 계급장이 달렸다.

병장보다 훨씬 많은 작대기가 그려져 있다. 반갑지 않은 훈장을 달고 자식을 모두 대학까지 공부시키고 손자까지 돌본다.

우리 엄마의 이름은 순이다.

마약을 끊었다

의사는 6시간마다 한 알씩 투약하라고 한다. 중독성이 강하니 아픔이 덜하면 하얀색 약을 먹으라고 했지만 통증으로 노란색 약을 먹었다. 기분이 상한가를 맴돌았다.

주섬주섬 옷을 입고 까치공원으로 갔다. 운동장을 따라 동그란 원을 그리며 열 바퀴를 돌았다. 뱃살 빠지는 운동기구에 두 발을 올려놓고 차례로 힘을 주니 좌우로 왔다 갔다 했다. 재미가 붙어 치맛자락이 휘날리도록 왕복했다. 약을 먹기 전에는 100번 밖에 못했는데, 약 기운에 500번을 했다. 아직 운동할 기력이 넘치고도 남아있지만 누가 보면 달밤에 체조한다고 할까 봐 집으로 돌아왔다.

자고 싶은데 잠이 오지 않는다. 새벽 두 시.

시계의 초침이 분주하게 움직인다. 시계처럼 부지런한 기계가 없다고 생각하고 있는데 오른쪽 무릎에 통증이 왔다. 지체 없이 노란색 알

약을 먹으니 하한가도 바닥을 치던 기분이 다시 상종가를 친다.

무릎 인공관절 수술을 하고 검진 받으러 병원에 가는 날이다. 서울에서 분당 서울대학병원까지 운전을 할 수 있을까. 시동을 켠다. 정신이 혼미하고 시야가 흔들린다. 용케 분당까지 왔다. 음주운전을 체크하는 것처럼 마약성분을 체크한다면 현장구속감이다.

진료를 받기 위해 의자에 앉아 차례를 기다린다. 신발에 눈길이 간다. 빠짐없이 하얀색 실내화를 신었다. 퇴원할 때 병원 지하에 있는 마트에서 산 운동화다. 인공관절 수술환자의 단체 운동화. 나도 고등학생 때 신었던 실내화를 신었다. 젊은 사람은 나뿐이다.

양쪽 무릎을 수술한 환자는 마약성분이 든 알약을 두 배로 처방 받았을까. 그 기분은 어떨까. 도저히 걷잡을 수 없는 기쁨과 좌절이 순간이동하는 블랙홀처럼 소용돌이칠지 모른다.

내 차례가 되었다. 진한 향수를 뿌리고 빨간 넥타이를 착용한 의사가 자를 가져와 무릎의 굽이를 재더니 120도까지 굽히라고 한다. 상태가 좋다는 의사의 말에 느닷없이 “수술 후 매우 행복합니다, 감사합니다.”라고 인사했다. 다리가 아플 땐 차라리 죽는 게 좋다는 생각이 들 정도였다. 그런데 행복이라니. 약이 사람을 거짓말쟁이로 만들기도 하는구나. 의사선생님은 짧게 다행이라고 한다.

집으로 돌아온다. 청소하지 않았다고 아이들에게 버럭 화를 낸다. 엄마가 보고 싶다고 하면서 강릉에 계시는 친정어머니를 당장 올라오시라고 전화했다. 죽을 쒀 주지 않는다고 또 버럭 이다.

온몸이 욱신욱신 쑤신다. 어젯밤 과하게 운동한 탓이다. 방바닥에 엎디어 딸내미에게 발로 등을 밟으라고 한다. 그것도 밤새도록. 약을 투여하면 눈에서 광기가 흐르다가 약기운이 없어지면 마약중독자처럼 정신과 몸이 위험하다.

집은 공포의 장소이다. 온종일 시계만 봤다. 언제 약을 먹을 시간이 될까. 의사는 고통이 약해지면 모든 약을 중단하라고 했다. ○○ 편집실에서 도와 달라는 전화가 왔다. 보수 없어도 출근할 참이었는데 별정직에 해당하는 수고비를 주겠다기에 앞 뒤 말을 절단하고 내일 당장 출근한다고 했다.

아침 8시에 출근하여 밤 8시경에 퇴근했다. 잡념이 찾아오지 않도록 일했다. 하루 종일 약을 먹지 않아도 아픈 줄 몰랐는데 집에 와서 휴식을 하니 통증이 왔다. 통증은 계속 잔재되어 있었지만 일에 집착하니 아픔을 모르고 지냈나 보다. 약을 모두 쓰레기통에 버렸다. 생각보다 아주 쉽게 마약을 끊었다.

아르바이트생과 나

영씨가 카페에 나오지 않겠다고 한다.

아들 교육하랴 살림하랴 아르바이트하랴 힘들만도 하다. 나이가 비슷한 손님이 하인처럼 다룰 때 훼손된 자존심을 달래느라 울기도 했다는 영씨.

힘들고 귀한 것이 인간관계이다. 낯가림이 심한 나는 적응하느라 상당한 시간을 서먹하게 지내고, 적응을 하게 되면 잘못할까 봐 오히려 안절부절못하다가 떠나간다고 하면 애인에게 배신당한 것처럼 슬퍼져 몇 날 며칠을 가슴앓이를 한다.

샌드위치 가게를 할 때다. 철수는 집에서 일을 하지 않아 카페에서도 아무런 일을 할 줄 몰랐다. 개업 초라 적자가 나서 아이들과 상의 끝에 철수를 출근시키지 않기로 하고 가족이 운영하기로 했다.

눈이 앞을 분간할 수 없을 정도로 내리는 겨울날, 커피를 만들던 아들이 무슨 일을 해야 할지 몰라 우두커니 서있는 철수에게 밖으로 나가자고 했다.

샌드위치 재료를 만들다가 잠시 고개를 들어 밖을 보니 철수와 아들이 전봇대 옆에서 이야기하는 모습이 보였다. 직감적으로 아들이 철수에게 아르바이트를 그만두라는 이야기를 하는 중이라는 것을 알았다. 철수가 가게로 돌아와 까만색 가방을 어깨에 메고 가게에서 나갔다. 돌아가는 철수의 뒷모습을 보다가 나는 주방에 쪼그리고 앉아 울었다.

철수가 돌아가고 상가를 한 바퀴 돌아온 아들이 철수는 무허가 집에서 사는데 부모님이 맹인이라고 했다. 마음에 들지 않고 마음에 드는 것은 무엇인가.

모르면 가르쳐 마음에 들게 하면 될 것을. 아르바이트생에게 조리법이나 샌드위치 재료를 다듬는 일이나 손님에게 응대하는 방법 등을 몇 번 가르쳐주다가 따라하지 않으면 내가 대신했다.

개업하기 일주일 전이다. 본사의 방침으로 일주일 동안 본사에서 교육을 받아야 했다. 첫째 날은 재료준비, 둘째 날은 커피, 셋째 날은 소스를 샌드위치에 뿌리는 법…….

겨울의 새벽은 살을 파고들 정도로 추웠다.

새벽 6시까지 본사에 도착하여 유니폼을 입고 교육을 받았다. 샌드위치 위에 소스를 뿌리는데 간격과 양이 일정해야 했다. 간격과 양이 일정하지 않으면 샌드위치 맛을 제대로 낼 수가 없다.

마요네즈를 소스 통에 담아 가늘고 촘촘히 샌드위치 위에 뿌리는 연습을 하는데 손힘이 약한 나는 소스 통을 힘껏 잡지 못해 모양이 삐뚤게 되었다.

몇 번 가르치던 본사 직원은 더 이상 가르쳐 줄 수 없다는 표정으로 소스 뿌리는 법이 잘 되지 않으면 다음 교육으로 이어지지 못한다고 했다.

아이들은 모두 합격했는데 나만 불합격이었다.

자존심이 상한 나는 다음날부터 교육을 받으러 가지 않았고, 아이들만이 일주일 동안의 교육을 무사히 마쳐 개업할 수 있었다. 나도 그랬다. 일이 서툴러 무슨 일부터 해야 할지 몰라 주방에서 서성이다가 남의 일을 방해하기만 했다. 나는 샌드위치를 개업하는 입장이라 교육을 나가지 않아도 되었지만, 일을 못한 철수는 아르바이트생이기 때문에 해고통지를 받아야 했다.

우리 아이들도 수능을 보고 난 후부터 아르바이트를 시작했다. 딸과 아들은 유황오리집에서 일을 했는데 그릇이 무겁고 설거지가 힘들어 화장실에서 울었다고 한다. 그런 소리를 들을 때마다 마음이 절대로 약해지면 안 된다고 나를 채근했다.

앞으로 살아갈 길은 학교에서의 공부가 아니라 정신에 있다. 경험하지 않고 정신력을 키운다는 것은 나의 경험으로 비추어볼 때 어림없는 일이다. 유황오리집 사장은 일을 할 줄 모르는 우리 아이들을 해고하지 않고 오히려 딸을 며느리 삼았으면 좋겠다고 했다. 나는 유황오리집 사장처럼 철수를 보듬지 못했다.

또 사람을 구하고, 영씨는 떠나간다. 절대 정을 주지 말자고 다짐했지만 정이라는 것이 공기처럼 흘러 가슴에 강물처럼 고였다. 철수처럼 작별하는 영씨의 등을 보지 않으리.

품고 있던 고민을 들어주지 않았던 것들을 두고두고 후회하리. 훗날 카페 주인이 된다고 하면 내 자리를 메워주던 영씨처럼 나도 한걸음에 달려가 도와주리.

샴푸한 머리처럼

딸은 어젯밤에 머리를 감았다. 면접 보러가는 날, 당일에 머리를 감아야 컬이 살아있다고 하니, 하룻밤 자야 더 낫다고 한다. 그래, 샴푸한 머리처럼 하룻밤을 푹 자려무나.

다음날이었다.

면접시간이 오후 3시인데 딸은 아침 열 시에 새 옷을 입고 화장을 끝냈다. 나는 오늘따라 늑장을 부린다. 대놓고 말하지는 않았지만 대학교를 졸업했으니 엄마의 차를 이용하지 말고 버스를 타고 다니라는 의도였다. 딸은 내 눈치를 살폈다. 시간이 되어 결국 딸을 차에 태우고 수내역 근처 학원으로 갔다.

운전을 하면서 T회사 부시장의 과거를 들려줬다.

"그 양반 오른쪽 팔을 군에서 잃었단다. 취업시험에 번번이 낙방했대. 하루는 시험을 보러갔는데 그룹 회장이 팔을 보더니 안됐다고 하더란다. 두 팔을 가진 정상인보다 능력이 없다는 것을 무엇으로 증명하는가? 라고 반문하여 합격했대."

자신감을 가지라는 비유의 말에 딸은 듣는 척 마는 척이다.

입사원서를 회사에 넣기를 권했지만 딸은 완강히 싫다고 했다. 명예퇴직으로 회사 수명이 짧은 사기업은 싫고 반드시 공무원이 되고 싶다 했다. 나는 한마디로 어렵다고 했다. 미국에서 공부하느라 국어와 국사를 거의 배우지 못했다. 민법, 경제학과 같이 생소한 과목은 용어부터 해석해야 한다.

딸은 꼭 해내리라하고, 나는 못 한다고 우겼다. 그러던 차에 이명박 정부가 몰입 영어교육 방침을 내놓았다. 테솔. 미국인 교사가 교육하는 단체에서 일하는 것이다. 네가 제일 잘 할 수 있는 하나만 계속 공부하여 그 방면에서 으뜸이 되라 했다. 그리고 본심으로 열심히 일하는 길이 출세하는 지름길이라고도 했다. 하지만 딸을 데려다 주고 오면서 생각하니 교과서 같은 내 말이 과연 정답일까 의구심이 들었다.

오후 6시경. 합격했다는 전화가 왔다. 양 손가락에 브이 자를 그리며 가벼운 춤을 춘다. 시급 9천원. 아르바이트 계약기간 3개월. 그래도 좋다. 내일은 아르바이트를 끝내고 초등학교 영어강사가 되기 위해 면접 보러 가는 날이다. 딸은 머리를 감는다. 나는 머리 컬이 살아있게 내일 감으라고 하고, 딸은 아니란다. 수건으로 머리를 감싼 딸에게서 샴푸냄새가 난다.

제2장

산이 내게로 왔다

행복을 위한 처방전

한 의사가 암보다 더 무서운 병이 있다고 발표했는데 그것은 '짜증'이라는 병이라고 했다. 나는 짜증병을 앓고 있다. 이십 년 동안 살았던 분당은 고향 같다. 갑갑하면 탄천이나 공원을 산책한다. 오랫동안 만났던 사람들과 만나 차를 마시고 조조 영화를 본다.

아이들의 직장이 서울이어서 도곡동으로 이사 왔다. 신혼 초에 양재동에서 살았지만 초행길처럼 낯설다. 지하철 노선이 거미줄처럼 연결되어 혼란스럽다. 동화 속 고래가 토해내듯이 지하철 문이 열리면 사람들이 쏟아져 나온다. 무리에 밀려 밖으로 나와 길을 모르는 시골 사람같이 두리번거린다. 활기찬 도시가 생명력을 불어넣어 주지만 때로는 군중 속에서 더 외롭게 만든다.

나이 지천명이 되어 알게 된 사실 중의 하나가 의욕을 상실했다는 것이다. 내가 나를 진단하면 우울증이나 조울증이다. 쌩쌩했던 예전의 나로 돌아가기 위해 새로운 도전이 필요하지만 외출하기가 싫다.

문화교실에서 기체조 수강을 신청했는데 2번 정도 출석하고 끝냈다. 나이트 댄스 반에 등록하여 가수 '카라'의 춤 '루팡'을 배웠는데 체력이 따라주지 못해 등록비만 날렸다. 노래교실 문을 조금 열고 안을 들여다보니 내 취향이 아니다.

도서관에서 책을 빌려 종일 책을 읽었다. 책도 하루 이틀이지 슬슬 짜증이 났다. 양재천 산책길에 나가 두 팔을 흔들며 빨리 걷기를 했는데 함께 간 딸이 농담으로 제발 팔을 크게 흔들고 웃기게 걷지 말라고 하여 그만 둘 핑계를 찾던 차에 잘됐다 싶어 마감했다.

기억상자 속에 불행만 저장되었는지 나쁜 생각으로 가득했다. 습한 머릿속을 햇볕에 말려야 한다는 생각을 하면서도 계속 칩거했다. 살아있는 순간까지 행복할 것인가, 불행하게 생각하다가 갈 것인가. 기쁘게 살기 위해 나는 나에게 행복을 위한 처방전을 내리기로 했다. 나에 대해 나보다 더 잘 아는 사람은 없으니까.

처방전

이름 / 강나현

나이 / 비밀

병명 / 짜증병

증세 / 무력하고 이유 없이 화가 난다

매일 해야 하는 처방

1. 아침 6시에 기상
   간단하게 조반을 먹는다
2. 뉴스를 본다
3. 음악을 크게 틀고 청소한 후에 샤워를 한다
4. 나를 극진히 대접하기 위해 맛있는 점심을 먹는다
5. 수강료가 저렴한 동 사무소 문화교실에서 라틴댄스를 배운다
6. 책을 보거나 글을 쓰고 산책을 한다
   * 글은 쓰고 싶을 때만 쓴다

일주일마다 해야 하는 처방

도서관에서 책 3권을 대여하여 읽는다

성당에 간다

가계부를 작성하지 않는다

한 달에 한 번씩 해야 하는 처방전

지방으로 여행을 간다

비싸지 않은 옷을 산다

1년에 한 번 해야 하는 처방전

해외여행을 간다

2년에 한 번 해야 하는 처방전

책을 출간한다

평생 해야 하는 처방전

사랑에 빠진다

강남대로 풍경

화단 옆 의자에 앉아 빌딩을 본다. 강남대로에서 본 풍경이 막대그래프 같다. 하늘을 향해 뻗은 빌딩은 높게 올라간 그래프이고 노점상은 제로라는 숫자에서 조금 올라간 그래프, 빌딩과 빌딩 사이 낮은 건물은 중간 그래프이다. 나는 노점상에서 김밥과 어묵을 먹었다.

화창한 봄날이었다. 대학생인 아들이 찢어진 와이셔츠를 입고 돌아왔다. 눈덩이가 밤송이처럼 부풀고 온몸에 멍이 가득했다. 아들이 중학교 때의 일이다. 그날도 아들은 흙 묻은 교복을 입고 왔는데 온몸에 상처가 있었다.

"옷이 왜 그래?"

"한 판 떴어요."

"누구랑?"

"친구들을 괴롭히는 애랑 탄천 농구대 아래에서 싸웠어요."

아들은 싸우면서 큰다는 말이 떠올라 웃으면서 다시는 폭력을 행사하지 말라고 했었다. 그 시절 생각이 나 아들이 대낮에 강남 한가운데서 흠씬 두들겨 맞고 왔는데도 화가 나기보다는 그 꼴이 우스워 웃음이 나왔다.

"무슨 일이야?"

"두들겨 맞았어요, 노점에서 떡볶이를 먹는데 조직폭력배 같은 남자가 와서 할아버지의 머리를 주먹으로 툭툭 치며 행패를 부리는 거예요. 나이 많은 주인 할아버지는 아무 말도 못하고……. 그래서 내가 무슨 이유로 그러는가 따지다가 맞았어요."

"너는 맞고만 있었고?"

"씨름 선수 같은 놈들이 네댓 명 달려드는데 맞는 수밖에 더 있어요?"

"유재석씨처럼 좀 하지. 텔레비전에서 봤는데 조폭 같은 사람에게 걸려 안녕히 가세요 하면서 구십 도로 허리 굽혀 인사하고 꽁지 빠지게 도망쳤다는데."

"내가 맞고만 있는데 지나가는 사람 누구 하나 말리지 않고, 경찰차가 지나갔는데 못 본 척 그냥 갔어요."

"노점 장사를 하는 사람에게는 임대료가 없으니 사람들이 자릿세를 받아간다는 이야기를 들었어. 강남의 노점에는 권리금이 상당하대."

강남대로에서 몇 해 전의 일이 생각났다. 김밥을 먹다가 고개를 드니 막대그래프처럼 솟은 빌딩과 빌딩 사이에 삭막한 노을이 걸려 있다.

대한민국 아들

아들이 포상휴가를 나왔다. 몇 달 전, 병원에 입원한 나를 간호하라고 포상휴가를 준 대장에게 죄송하여 염치없이 또 무슨 포상휴가냐고 물었다. 군에 아들을 보낸 여인들의 말을 들어보면, 아들이 군에 가면 두 번 운다고 한다. 입소할 때 한 번, 아들의 사복이 우편으로 배달되었을 때 한 번. 나도 그랬다.

자대 배치를 받고 첫 휴가를 나왔을 때 10년 동안 가출했다가 돌아온 아들 같았다. 두 번째 휴가 때부터는 심드렁해져 첫 인사가

"왔어?"

제대하면 이 세상에서 제일 편하게 모시겠다던 아들은 집에 도착하자마자 친구들을 만나느라 밤을 샌다.

세 번째 휴가부터는 오거나 말거나이다.

이번 휴가는 다녀간 지 불과 몇 달 밖에 되지 않아 대장님께 죄송하

다는 생각밖에 들지 않았다.

모 부대에서 야간훈련이 시작되었다. 완전무장한 병사들이 산속으로 들어가 텐트를 치고 야외취침을 하면서 훈련을 했다. 일주일 동안 훈련을 마치고 돌아오는 길이었다. 물에 젖은 티슈로 세수를 했던 병사의 얼굴에 까만색이 덧칠해졌다. 어둠 속에서 들리는 것은 지휘관이 부르도록 명령한 '어머니의 은혜'라는 노래였다. 병사들은 어깨동무를 하고 소리 내어 울었다고 한다.

멀리 민가에서 불빛이 보였다. 그때 두 명의 병사가 쓰러졌다. 취침 중이던 아들은 연락을 받고 대장을 모시고 사고 현장으로 가 입에 거품을 물고 쓰러진 병사를 차례로 업고 뛰었다.

국군병원에서 치료를 받은 병사에게 위문을 가니 병사의 어머니가 대장을 보자 복도에서 뒹굴었다. 다행히 한 병사가 완쾌되어 복귀했고, 한 병사는 의가사제대를 했다. 긴급한 상황에서 즉각적으로 대처하여 인명을 구한 대장은 나라에서 내린 표창장을 받았고, 아들은 부대에서 준 표창장과 포상휴가를 받았다. 이번 휴가는 하나도 반갑지 않았다. 입소하던 날 어깨에 별을 단 대장이 '대한민국 아들들을 안전하게 보호하겠으니 걱정하지 말라'고 해 놓고서는.

'님'자가 붙는 동물

우리 집에서 이름에 '님'자가 붙는 동물은 강아지뿐이다. 개 팔자가 상팔자라고 먹고 자는 것이 고작인데 평생 존댓말로 대접을 받으니 참으로 타고난 복이다.

별님이는 쉬즈 종류인데 까만 코가 납작하고 눈망울이 선하다. 쉬즈는 중국개로 게으른 것이 특징인데, 우리 별님이도 하루 종일 잠만 잔다.

양재천을 산책하다 보면 강아지를 데리고 온 사람은 서로 초면인데 구면인 것처럼 이야기를 나눈다. 개들은 마음에 드는 강아지에게 달려가 꼬리를 흔든다.

개를 잡으러 갔다가 만난 강아지 주인들은 서로 개가 무슨 종인지 똥오줌은 가리는지 묻는다. 옆집 사람과도 인사를 하지 않고 지내는데 강아지 때문에 낯선 사람들끼리 말을 튼다.

별님이는 10살이다. 사람 나이로 환산하면 중년의 아줌마. 개들도 외모를 따지는지 가출한 개처럼 털이 꼬질한 별님이는 인기가 없다. 별님이만 무슨 종이라도 좋다고 뛰어가 지폐교환기가 지폐 세는 속도로 꼬리를 흔든다. 저들끼리 정분이 나서 차마 보지 못할 사단이 벌어질까 암놈인지 수놈인지 먼저 묻고 암놈이면 놀게 하고 수놈이면 강제로 떼어놓는다.

며칠 전 양재천으로 산책 갔을 때이다. 안내견이 다가왔다. 별님이는 내가 오라고 하면 그 녀석 꽁무니에 냄새를 맡다가도 내게로 오는데 그 개는 주인이 오라고 해도 가지 않고 오히려 주인을 끌고 별님에게로 왔다. 안내견 주인이 별님이에게

"어쩌면 이렇게 품위가 있니?"라며 머리를 쓰다듬었다. 문득 장난기가 발동하여 '개는 주인 닮는다.'는 말이 입 밖에 나오려고 했으나 꾹 참고 점잖다고만 했다.

'개 보는 안목이 남다르셔'

별님이는 처음부터 기품 있는 강아지는 아니었다. 포대기에 싸여 우리 집에 왔을 때 오줌똥을 사방에 갈기고 겅중겅중 뛰며 방을 헤집고 다녔다. 그런데 새끼를 낳고부터 기품 있는 개로 변했다.

별님이가 해산하는 날이었다. 안방에 산실을 꾸미고 방바닥에 폭신한 요를 깔았다. 24시간 진통 끝에 새끼를 낳았는데 숨을 쉬지 않았다. 구조한 사람이 물에 빠져 호흡이 곤란한 사람에게 하는 인공호흡처럼 딸이 새끼의 입 안에 고였던 양수를 빼냈다.

둘째도 호흡을 하지 않아 나는 별님이의 눈을 보면서 어미의 본능으로 새끼를 살리라는 신호를 보냈다. 눈빛으로 뜻을 알아챈 별님이가 탯줄을 끊고 새끼의 몸에 싸인 투명한 막을 제거하더니 갓난 강아지를 손과 발로 거칠게 굴려 숨을 쉬게 했다.

그렇게 수놈만 네 명을 낳았다.

별님이는 이틀 동안 한 잠도 자지 않고 새끼를 지켰다. 나와 딸도 교대로 혹시 별님이 실수로 강아지를 깔아뭉개지 않을까 보초를 섰다. 고개를 바닥에 대지 않고 앉아서 졸던 별님이를 따뜻한 물에 목욕을 시켰더니 그제야 깊은 잠에 빠졌다.

아직 눈을 뜨지 않은 새끼들이 엉금엉금 기어가 어미의 젖을 빨았다. 별님이는 눈을 지그시 감고 새끼들에게 젖을 주었으나, 새끼들의 이가 자라 별님이의 젖을 물을 때부터 모유 수유를 하지 않았다.

어릴 적 어머니가 막냇동생에게 젖을 뗄 때 빨간 옥도정기를 바르던 기억이 나서 별님이 젖꼭지에 옥도정기를 묻혔지만 새끼들은 아랑곳하지 않았다.

두 달 동안 외출도 삼가고 새끼들 뒤치다꺼리하다가 돈을 받지 않고 모두 출가 시켰다.

별님이 단식투쟁이 시작됐다. 곰국을 끓여줘도 먹지 않고 햇빛이 보이지 않는 구석에 웅크리고 있었다. 보다 못해 강아지를 준 집에 전화를 걸어 만나게 해주자고 했다.

아파트 마당으로 나갔다. 경비실 옆에서 첫째 녀석이 나왔다. 강아지를 본 별님이가 새끼에게 뛰어가지 않고 갑자기 길바닥에 철퍼덕 누웠다. 새끼에게 젖을 주기 좋은 자세로 비스듬히 누운 어미를 본 새끼가 고물고물 뛰어와 젖을 빨았다.

별님이의 눈이 촉촉이 젖어 있었고, 말라비틀어진 젖꼭지에서 뽀얀 젖이 나왔다. 그 광경을 본 경비아저씨와 강아지를 데려간 아주머니와 나는 아무런 말도 하지 못하고 석양이 걸린 먼 하늘을 바라다봤다.

내 남자친구 게리

미국의 한 칼리지에서 영어공부를 하고 하교하는 길이었다. 내 차가 한쪽으로 기울어져 있었다.

빠른 걸음으로 달려가 보니 타이어 펑크였다. 뛰었다. 대로와 교정의 경계선은 철조망 같이 쇠로 만들어져 있었다.

주변을 두리번거리니 깨진 헤드라이트에 초록색 테이프를 붙인 차가 눈에 띄었다. 게리였다.

"헬프 미, 헬프 미."

손을 흔드는 나를 보고 게리가 주차장으로 돌아왔다. 게리의 검은 눈을 보며 말했다.

"게리, 마이 카 빵꾸났어."

동시에 세 개의 언어를 하는 나를 바라봤다. 게리가 펑크난 타이어를 보더니 고개를 끄덕였다. 게리는 게리의 차에서 차의 용구를 꺼냈고,

내 차 트렁크에서 여분의 타이어를 꺼냈다. 능숙한 솜씨로 펑크 난 타이어를 교체했다. 사막의 열기로 게리 이마에서 땀이 뚝뚝 흘렀지만 게리의 손은 침착했다.

"유 아 스트롱."

내 말에 나도 놀랐다.

'그냥 땡큐 베리 마치나 소 마치를 하면 될 것을 무슨 스트롱?'

한 번 뱉은 말은 주워 담기 어려운 법. 게리가 웃더니 도로를 향해 빠져나갔다.

다음날 아침, 소시지에 꽃모양을 내서 살짝 굽고, 샌드위치를 만들고 망고와 레몬을 섞어 주스를 만들었다.

게리와 함께 도시락을 먹자.

학교에 가니 담임 수지가 제일 먼저 와 있었다. 수지에게 서툰 영어로 어제의 일을 알려주었다. 지각대장 게리는 수지에게서 찬밥이다. 며칠 전에 게리가 기침을 했는데 수지는 전염된다며 당장 돌아가라 고함질렀다. 게리가 홍당무가 되어 돌아갔다.

질문을 할 때마다 대답을 못하는 게리. 우리도 게리를 우습게 여겼었다. 오늘은 수지가 게리를 안아주며 칭찬을 했다. 부끄러운 게리는 또 홍당무가 되었다.

그 사이, 짝꿍 명준엄마에게 게리가 도와줬던 이야기를 했다. 그 스트롱까지도.

명준엄마는 게리가 독신인데 어떻게 책임지려고 그런 이야기를 했느냐고 했다. 도시 명준엄마의 해석을 이해할 수가 없었다. 순수하게 '강하다'로 해석하면 될 것을.

독신과 무슨 상관이람. 제대로 해석도 못하면서 반에서 1등을 했다느니 자랑하는 명준엄마가 황당했지만 나도 그 스트롱이 생뚱맞기는 했다. 허를 찔린 사람처럼 멍했다.

게리 주려고 싸 온 도시락을 수지에게 줬다. 이 모든 것이 명준엄마와 스트롱? 때문이다.

어느 날, 게리가 가슴에 검은 리본을 달고 왔다. 수지가 결근하는 날이라 뚱뚱한 백인 여선생이 대신 왔다. 게리와 게리의 동포가 앞가슴에 검은 리본을 단 까닭은 터키 군인에게 죽은 아르메니아인들을 위로하기 위해서였다.

미국정부에서도 인정하여 휴교령이 내려져 우리 아이들도 등교하지 않은 날이었다. 그 선생은 눈치 없이 하필 그날에 아르메니아인이 글렌데일이라는 마을을 점령하다시피 하여 그곳에서 살던 백인들이 이주했다고 하면서 노력 없이 연금을 받는 이민자는 본국으로 돌아가야 한다고 했다.

평소에 질문에 대답조차 하지 못해 왕따였던 게리가 유창한 영어로 반박했다. 미국의 주인이 누구인가. 원래 인디언이다. 당신도 이민자이니 당신도 당신 나라로 돌아가는 것이 옳다고 했다.

게리는 자동차 정비공이다. 늘 낡은 티셔츠에 청바지를 입었다. 팔에는 오랑우탄처럼 털이 곱실거린다. 그러나 게리는 수줍은 영혼을 소유했다. 게리와 나는 한 반에서 공부했지만 한 번도 인사를 나눈 적이 없다.

하지만 내가 곤경에 처했을 때 즉시 달려와 도와줬다. 게리가 빛나 보이는 것은 모국에 대해 무한대의 사랑을 가지고 있는 모습이었다. 게리를 본 후 매력적인 남자의 조건이 달라졌다. 예전에는 키가 크고 잘생긴 남자, 돈이 많으면 더 좋은 남자였지만 요즈음에는 게리처럼 착한 남자, 용감하게 불의에 맞서는 남자이다.

게리, 보고 싶네.

산이 내게로 왔다

애들아, 엄만 영화 아바타의 배경이었던 중국 장가계에 왔다.

아바타(avatar)란 고대 힌두신앙에서 유래된 단어인데 '내려오다'는 뜻으로 신이 지상에 강림한다는 의미란다. 미국 제임스 캐머런 감독이 아바타의 배경으로 장가계를 선택한 것은 실제로 신이 존재한다고 느꼈기 때문일 거라고 생각할 정도로 이곳은 신비스러워.

엄마와 일행은 해발 1500미터인 천문산을 가기 위해 시내에서 케이블카를 탔어. 영화 아바타에서 주인공이 아바타로 변신하기 위해 네모난 통에 들어가잖아. 엄마가 탄 케이블카도 지구에서 산으로 들어가기 위해 변신하는 네모난 통 같았어.

관절염으로 오래 걷지 못하는 엄마는 케이블카에서 내려 일행을 따라가지 못해 절벽 옆에 길을 낸 길을 걷지 못했단다. 그 시간, 중국이 우리나라에서 수입한 맥심커피를 사서 마시며 벽에 걸린 사진을 감상했는데, 인상 깊었던 사진은 중이 된 여가수의 얼굴과 사연이었어. 그 가수는 중국에서 유명했는데 어느 날 천문산에 왔다가 속세로 내려가지 않고 곧장 불가에 귀의했다는구나. 왜 그랬을까. 가수가 되어 받은 명성과 부보다 천문산에서 자연을 벗 삼아 사는 것이 더 행복하고 편안한 삶이라는 깨달음이 왔을 거라는 생각이 들었어. 그래, 엄마도 가끔은 그러고도 싶을 때가 많지. 그러나 엄마같이 세상사에 얽매여 사는 사람들은 힘들어도 내게 온 인연과 다투면서 화해하며 살아간단다.

눈이 내려 일행은 하얀 고깔모자를 쓰고 돌아왔어. 다시 케이블카를 타고 내려오다가, 어느 지점에서 내려 천문동으로 가는 버스를 탔어. 천문동에 도착하려면 99개의 고개를 넘어야 해. 버스 안에서 창밖을 보니 사방이 커다란 산이었는데 단 한 곳에 빛이 있었어. 그곳은 타원형이었는데 하늘색과 흰색이 섞인 빛깔이었어, 엄마는 하늘과 맞닿은 까마득한 그곳에 서 보고 싶다는 간절한 바람이 일었어. 하지만 생각을 해 봐, 엄마가 어떻게 그곳에 갈 수 있겠니?

버스는 계속 구불구불한 길을 달렸어. 산에서 사는 할아버지에게 말을 걸었어. 머릿속으로 상상하면서. 저곳에 갈 수 있겠어요? 그러자 빙의처럼 산이 내 안으로 들어왔단다. 산은 질문에 대한 대답을 피하고 이야기를 들려주더구나. 억 광년 전, 산은 바다였는데 지각 변동으로 해수면이 솟아올라 산이 되었대. 바다가 된 산은 그 자리에서 정좌하여 지금까지 묵언 수행을 한단다. 천문산 옆에 사는 토가족과 그렇게, 그렇게 오랫동안 살았대.

천문산은 일주일에 서너 번 안개로 가려져 있지. 산의 말로는 다시 관광객을 오게 하기 위해 전체를 보여주지 않는단다. 토가족이 너무 가난해서래. 토가족은 우리나라 1950년대를 연상하는 나무로 만든 집에서 살았는데, 모두가 까만색 교복 같은 옷을 입고 있었어. 엄마가 본 토가족은 복제한 인간처럼 똑같은 키에 똑같은 옷을 입고는 산길을 걷거나 초가집 앞에 놓은 의자에 앉아 있었어. 산이 워낙 높아 무슨 경제활동을 할 수 있겠니.

산이 들려주는 이야기를 듣는데 놀랍게도 엄마가 원했던 공간 앞에서 있었어. 빛이 보이는 곳. 눈을 감고 상상해볼래? 차마 형용할 수 없는 높다란 산이 연속적으로 나타나는 두려운 곳이다. 그 속에 갇혔다. 그런데 시선이 문득 머문 자리에 하늘빛이 보인다. 사람이 걸어갈 수 있는 작은 곳. 그 너머에는 어떤 세상이 있을까. 아마도 아무도 가보지 못했으리라 짐작된다. 너희들도 언제 꼭 가보아라. 엄마가 산신과 소통했다는 말이 실감날 테니. 산이 엄마의 소원을 들어줬다는 것 아니겠니?

천문동에 도착했어. 999개의 계단을 올라가면 천국에 이르는 곳이 있다고 한다. 일행은 천국으로 가는 계단으로 오르고, 나는 두 번째 쉬기로 했어. 나와 몸이 불편한 ㅇ씨는 엄청나게 큰 분향대에 생전 처음으로 본 큰 향을 꽂고 묵념했어. 영화 아바타에서 가상공간의 사람들이 어깨동무를 하고 큰 나무 아래에서 기도를 하는 것처럼, 한 사람이 동작하듯 모두 몸을 가볍게 흔들면서 주문을 외우는 것처럼 말이다. 나와 친구를 비롯한 천국의 계단으로 오르지 못한 사람들은 중얼거리며 기도를 했단다. 엄마는 우리가족 모두 건강하게 해 주세요. 모두가 평안하게 해 주세요 라고. 엄마는 소설도 참 잘 쓴다고 하겠지. 그래 엄마는 오늘 지구에서 살던 인간이 '천문산'이라는 가상세계로 들어가는 아바타가 됐다.

애들아 엄마 생전에 이렇게 높은 산을 처음 본단다. 산에 의지하여서 있는 바위와 바위 틈새에서 피어나는 노란색 꽃들 그리고 잡풀들이 어쩌면 그리도 의연해 보이던지. 나무와 곤충과 바위와 꽃들이 사람들을 바라보면서 무슨 생각을 할까. 한 세상 살면서 아등바등 살아가는 우리를 보면서 말이다.

그럼 내일보자.

대민총통과 엄마

굿 모닝!

오늘은 보봉호수에 가는 날이다. 엄마는 주차장 근처 가게에서 천 원을 주고 지팡이 하나를 샀단다. 지팡이를 짚고 일행 꽁무니를 따라가다가 함께 간 ㅇ씨와 가이드에게 다시 내려가 주차장에서 쉬고 있겠다고 했어. 멀리서 바라보던 가마꾼이 날쌔게 다가와 가마를 타란다. 가이드가 통역을 하여 팁 없이 2만 원에 가마를 타기로 했다. 엄마가 대나무로 만든 가마에 오르니 휘청해.

중국인 가마꾼이 한국말로 "뚱뚱해, 뚱뚱해." 그래. 엄마가 우화화화 통쾌하게 웃었다. 그렇잖아도 불어난 몸무게 때문에 미안했는데 무안을 줬으니 쌤쌤이라는 거지.

가마꾼이 조금 가더니 이내 앞서가던 일행을 향해 소리쳤어.

"짐이야, 짐이야."

엄마는 또 와하하하 웃었다. 그렇다. 엄마는 뚱뚱한 짐이다.

가마꾼이 위치를 바꾸는 바람에 엄마는 졸지에 뒤를 보면서 가게 되었어. 뒤에서 보니 앞서 가던 사람들이 땀을 뻘뻘 흘리며 내 뒤를 따라오더구나. 지나가던 관광객이 가마를 탄 엄마를 비디오로 촬영했을 때 엄마는 사극에서 나오는 양반처럼 가마에 허리를 대고 으스대면서 포즈를 취해 드렸어. 속담에 모로 가도 서울만 가면 된다고 하지 않았니?

보봉호수에 도착해서 가마꾼들에게 팁과 수고비를 넉넉하게 줬어. 가마꾼들이 없었다면 엄마가 어떻게 이 아름다운 보봉호수를 볼 수 있겠니. 다 가마꾼 덕택이다.

보봉호수는 인공과 자연으로 만들어진 호수란다. 산에서 내려오는 물을 사람들이 막아 호수를 만들어 배를 띄웠어. 배가 미끄러지듯 산골짜기로 들어가는데 배로 만든 집에서 비단장수 왕 서방이 만들어 낸 듯한 중국 전통 옷을 입은 여자가 나와 종달새처럼 노래하더구나.

훗날 보봉호수를 떠올리면 제일 먼저 생각나는 것이 그 여자아이일 게다. 정지한 듯 고요한 호수에 예쁜 여자가 나와 새처럼 부르는 노래는 어느 새보다 아름다웠다. 한 바퀴 돌고 오는데 이번에는 그 여자의 반대편에서 노란색 옷을 입은 남자가 나와 노래를 불렀어. 자연과 인간의 조화란다.

보봉호수 구경을 마치고 천자산으로 갔어. 엄마는 또 쉬기로 했다.

가마꾼이 있는 줄 알았다면 또 탔을 텐데 몰랐거든. 너무 의자에 앉아 주차장 근처 가게에서 갓 삶은 옥수수를 먹는데 경찰관이 호루라기를 불더니 관광객에게 출입을 금지시켜. 엄마는 용케 출입금지 직전에 왔던 게야.

경찰차가 온 뒤에 버스 한 대가 도착했는데 텔레비전에서 본 듯한 남자가 눈에 띄었어. 남자 앞에는 빨간색 비단 드레스를 입은 아가씨가, 남자의 부인인 듯한 여자 앞에는 노란색 비단 드레스를 입은 여자가 그들을 안내했어.

그 부부는 각각 가마를 탔어. 엄마는 그때서야 오십 명 정도의 중국 남자가 모여 가마를 둘러싸고 이야기하는 것을 이해했어. 그 가마꾼들은 귀빈을 기다렸던 중이다. 귀빈 부부는 가마를 타고 천자산을 구경했단다. 나중에 가이드에게 들었는데 가마 탄 사람이 대만총통 내외라고 하더구나.

얘들아, 엄마가 무릎이 아파 쉬지 않았다면 대만총통 내외를 볼 수 있었겠니. 대만총통 내외도 똑같은 사람인데 오버라고 너희들은 말할지 모른다. 하지만 엄마로서는 생전에 만날 확률이 없는 사람을 만나는 것 자체가 행운이라고 여겨진단다.

엄마는 장가계 구경을 반만 했어. 그래도 좋아. 엄마가 너희같이 젊은 날에는, 굳건한 다리로 산에 오르는 사람을 보면 부럽고 질투가 났어. 나는 왜 절룩이며 산에 올라야 하는가. 나는 왜 산에 오르지 못할까. 나는 영영 산의 정상에 가지 못하는 것일까. 절망스러웠다. 하지만 나이가 들면서부터는 조금씩 쉬어가자. 밑동 잘린 나무의자에 앉아 지나가던 바람을 곁에 앉혀 놀다가자.

정상까지 못 간들 어떠리. 뒤 돌아보면 작은 봉우리를 넘었는데 하는 여유가 생겼어. 아픔이란 또 다른 세계를 경험할 수 있게 마련한 신의 오묘한 뜻일지도 모른다는 생각도 든단다.

그리고 한 가지. 아픈 사람의 마음도 헤아릴 줄 아는 사람이 되라는 하느님의 부탁일지도 모른다.

얘들아, 여행 온지 며칠 되지 않았는데 벌써부터 너희들이 보고 싶다. 공항까지 마중 나온다니 고맙다. 내일 만나자 안녕!

산사에서

스님의 머리에서 새파란 광채가 났다. 부싯돌에 갈은 면도칼로 웃자란 머리카락을 싹 밀었으리라. 산 너머 암자에서 온 스님들의 얼굴과 머리도 빛났다.

법회가 공양간에서 열렸다. 후들거리는 다리에 힘을 모아 공양간으로 갔다. 큰스님이 크고 두꺼운 방석에 앉았다. 큰스님 앞에 주지스님이 앉았고 주지스님 곁에는 연로하신 스님이 앉았다. 그 뒤에 산 너머에서 온 스님들과 내가 묵고 있는 산사의 스님, 그 다음 줄에는 속세인들이 앉았다.

큰스님은 봄바람처럼 나긋나긋한 목소리로 "마음은 형체가 없습니다, 그러나 마음은 분명 있습니다. 마음은 원래 없고도 있습니다."라고 하면서 어떤 마음을 먹는 것이 좋은 것인지에 대해 말씀하셨다.

맨 앞줄, 가운데에 앉은 주지스님이 고개를 몇 번 끄덕였다. 큰스님의 말씀에 대한 화답인 줄 알았다. 몇 초 사이에 여러 번 머리를 끄덕였다.

주지스님은 태어나서 하루 동안 숨을 쉬지 않았다고 한다. 부모님이 홑이불에 둘둘 말아 구석에 뒀는데 하루가 지나 숨을 쉬어 곧장 절로 보내졌다. 갓난아기 적부터 출가했던 주지스님은 큰스님의 법회내용을 암기할 정도일 게다.

꼬꾸라지듯 몸을 앞으로 떨어뜨리다가 다시 원위치하기를 반복했다. 큰스님은 대놓고 잠든 주지스님에게 눈길을 주지 않았다. 내가 산사에서 묵고 있을 때 느낀 것은 자비가 충만한 절의 엄숙한 법도였다. 그중에 하나가 위계질서였는데 스님은 큰스님을 부처님처럼 존경했다. 그래서 스님이 대놓고 조는 것은 법도에 어긋나는 것이었다. 하지만 그 법도 큰스님 앞에서는 형체가 있고도 없는 마음처럼 '존재하면서도 존재하지 않는 그 무엇'이었다.

스님 등에 업히다

떡가루 같은 눈이 내렸다.

산사를 떠나는 아침.

스님이 마련해준 밥을 먹고 살았던 두 달. 아프다는 이유로 공양간에 들어가 본 적이 없다. 문지방이 높아 방에 들어가지 못한 나를 위해 손수 나무계단을 만들어 주던 젊은 스님, 곁에 자면서 지켜봐 주었던 길여 어머니, 묵은 깻잎을 따뜻한 밥에 올려주던 노보살은 죽을 때까지 잊지 못할 분들이었다.

법당 뒤에 나보다 먼저 절식구들이 나와 있었다. 한 사람씩 작별인사를 마치고 남편을 찾아보니 멀리 돌계단 아래에서 아들과 가벼운 장난을 하고 있었다. 남편은 내가 계단을 성큼성큼 걷을 수 있으리만치 건강해졌으리라 기대했지만 병은 오히려 예전보다 악화 되어 있었다.

돌계단을 내려가지 못해 서성이는데 스님이 무릎을 꿇었다. 스스럼

없이 등에 업혔다. 풀 먹인 회색 적삼에 얼굴을 묻었다. 눈물로 스님의 빳빳했던 적삼이 젖은 풀처럼 부드러워졌다.

스님의 등이 따뜻했다. 나는 남편에게 업히고 싶었다는 것을 그때야 알았다. 긴긴밤 불교서적을 보면서 지장보살을 알았고 부처의 일대기를 희미하게나마 알게 됐지만 마음을 변화시키지는 못했다. 내게 가르침을 준 것은 스님의 업어주기였다.

차는 산문을 지나 오솔길을 달렸다. 멀리서 하얀 수건이 흔들리고 있었다. 회색 새떼 같은 무리가 산문을 지나 산사로 가고 있었다. 스님들은 우리를 향해 일제히 합장했고 가족들은 두 손 모아 합장했다.

집으로 돌아왔다. 학교에서 돌아오는 아이들에게, 퇴근해서 돌아온 남편을 향해, 병문안 온 수녀님에게 합장으로 맞이했다. 수녀님께 절에 있었던 일을 고백성사를 보듯이 이야기했다.

"참 잘한 일이에요. 자매님처럼 아픈 사람을 돌봐 드리지 못한 우리의 잘못이 큽니다."

우리는 마음으로 업어주고 업혔다.

미운 사랑 촛불에 태우다

큰스님은 불심 없는 남편을 왜 꼭 참석해야만 한다고 했을까. 강릉에서 전남 곡성까지는 먼 거리였다. 천도제를 지낸다고 전화를 하고 며칠 후, 남편이 왔다. 우리는 시선조차 마주하지 않았다.

거의 빠진 머리카락을 하루 묵었던 젊은 보살이 가위로 잘라주어 영구나 다름없었다. 까만 얼굴. 60킬로그램이었던 몸무게가 48킬로그램이 됐다. 살려는 의지보다 생을 포기하려는 생각이 온몸에 번져 있는 나였다. 얼마 전 절에 왔을 때 남편은 술에 만취되어 잠만 잤을 뿐, 한마디 하지 않고 다음날 그 먼 길을 떠났다. 나도 아무 말 하지 않았다. 절까지 와 준 것은 남편의 도리였다고만 여길 뿐.

땅거미가 돌탑까지 내렸다.

주문을 외는 스님이 영가를 불렀다. 먼저 시댁 영가부터 부르고 친정의 영가를 호명했다. 까만 양복에 검은 넥타이를 맨 남편이 일어나 두 손을 모으고 절을 하기 시작했다. 시댁의 순서가 끝나고 친정의 순서에 잠시 쉬었으면 했으나 멈추지 않았다. 그의 이마에 비 오듯이 땀이 흘렀고 내 눈에도 그칠 줄 모르는 눈물이 흘렀다. 술에 취해 새벽녘에 들어오는 날이 잦았던 남편이 나를 위해 기도하는 모습을 봤기 때문이다.

큰스님이 남편에게 꼭 참석하라고 한 뜻을 알 것 같았다. 지푸라기라도 잡고 살아보겠다는 아내의 모습을 보여주면서 남편의 도움이 필요하다는 것도 알려주기 위해서였을지 모른다. 천도제는 외적 상처를 치유하는 것이 아니라, 내면의 아픔을 수술하는 하나의 예식으로, 과정을 함께하면 마음의 병을 고칠 수 있다는 판단이었을지도 모른다. 마지막 순서로 한지를 촛불에 태웠다. 나는 미운 사랑도 함께 태웠다.

제3장

어젯밤 이야기

미리 적어둔 유언장

한 작가와 통화하기 위해 휴대폰 번호를 눌렀다.

"여기는 ○○○ 편집실입니다 전 선생님 계십니까."

"아버지… 얼마 전에 돌아가셨어요."

"아 예, 죄송합니다, 뭐라고 위로의 말씀을 드려야 할지요."

수화기를 내려놓으니 목이 메었다.

작가는 자상한 아빠였을 게다. 아빠의 정이 그리운 작가의 딸은 이동통신사를 방문하여 아버지의 휴대폰 사용계약을 해지하지 않았다. 작가의 딸은 매일 휴대폰 배터리를 충전하면서 무슨 생각을 했을까. 휴대폰 전화를 꼭꼭 누르면 하늘동네로 이사 간 아버지가 전화를 받았으면 좋겠다는 생각을 하겠지. 전화를 받지 않으면 휴대폰에 저장해 두었던 음성을 듣고 포토앨범에 저장해 두었던 얼굴을 가만히 꺼내볼지도 몰라. 생각에 잠기는 동안 나는 실제로 그 작가가 긴 부재중이어서 딸이 대신 전화를 받았다는 착각에 빠졌다.

전화를 끊고 내 생애의 마지막 잎사귀를 바라본다면 나는 무슨 일을 할까 하는 생각을 했다. 아이들에게 편지를 쓰겠다.

사랑하는 아이들아.

사람은 누구나 태어나면서부터 죽음으로 향하고 있다. 엄마는 지금 한 생애의 마지막 목적지 앞에 서 있단다.

엄마가 아빠 곁으로 가면 엄마의 휴대폰을 금방 해지하지 말아줬으면 한다. 누군가 연락하면 엄마를 대신하여 너희가 작별인사를 하면 좋겠어. 슬픔의 불씨가 사그라지면 휴대폰 사용을 그때 가서 해지하면 어떨까. 그렇게 한다면 사랑했던 모든 것들과 단절되지 않고 어느 정도 관계가 지속될 거야.

하이데거가 말하는 존재 능력에 대한 상실감에 대해 생각해봤는데, 엄마는 문단에서 아웃사이더로 살아왔기 때문에 문학적 능력이란 없다고 생각해. 따라서 사회적 능력에 대한 상실감은 없어.

그러나 단 한 곳. 가족을 보호하기 위해 최선을 다했던 집에서는 존재가치가 인정된다고 여겨져. 모든 엄마가 그렇듯이 자녀에게 인정받으니 '엄마'란 세상에서 제일 좋은 직업이란다.

소설가 이상은 죽는 순간에 "나에게 레몬 향을 맡게 해 달라"는 부탁을 곁에 있던 사람에게 했다고 해. 엄마는 상큼한 과일 향기보다는 '주님은 나의 목자 아쉬울 것 없노라. 파란 풀밭에 이 몸 뉘여 주시고 고이 쉬라 쉼터로 나를 이끌어 주시네.'라는 성가를 들려줘. 그 음악을 들으면 죽음이 끝이 아니라 신이 만든 풀밭에 누운 것 같은 마음의 평화가 올 테니.

너희에게 일러두어서 알고 있으리라 믿지만 혹시 잊을까 다시 한 번 부탁한다. 몸을 버리고 영혼만 취득할 때 몸을 강남성모병원으로 보내줘. 장기기증을 약속했으니 쓸 만한 장기는 의사 선생님께서 환자들에게 나눠주실 거야.

나머지 몸은 화장을 하여 엄마 고향 앞바다에 뿌려주라. '나의 묘비 앞에 서지 마라 나는 꽃이 되고 바람이 되고 새가 되어 그곳에 있지 않으니'라고 한 인디언 시인의 시처럼 엄마도 파도와 물고기가 되고 갈매기가 되어 수평선 저 너머로 여행을 떠나게 될 거야.

아빠가 우리와 영영 이별한 지 13년이 지났지. 아빠의 빈자리를 채우려고 노력한 아들이 고맙고, 엄마의 행복 위해 재혼을 집요하게 요구해온 딸에게도 감사한다. 이 글을 쓰는 동안 만약 엄마마저 곁에 없다면 너희가 얼마나 외로울까 생각하니 눈물이 샘솟는단다.

하지만 생각을 바꾸어보면 엄마가 마지막 잎사귀를 바라볼 즈음, 아들은 사회의 일꾼이 되어 나라와 가정을 굳건히 지키고, 딸은 평생 동반자를 만나 예쁜 아기를 낳은 엄마, 제자를 자식처럼 아끼는 교사가 되어 있을 것이기 때문에 생각하는 것만큼의 쓸쓸함이 없을 것이라는 생각이 든다.

세상은 고해의 바다. 산의 정상에 도착하려면 오르막길과 내리막길을 반복해서 걸어야 하듯 삶의 길에도 굴곡이 있단다. 힘들 때나 기쁠 때 엄마에게 전화를 해라. 전화수화기를 들고 어려움을 이야기하는 순간 고난은 반으로 줄어들고, 기쁨을 전하면 행복은 배가 될 거야.

유태인 랍비는 '사람이 죽으면 몇 달만 슬퍼하라, 오래도록 슬퍼하면 살아있는 자들의 몸과 건강을 해치기 때문이다'라고 했다. 아빠의 유언처럼 슬퍼하지 말고 인내하며 건강한 몸을 유지하기 위해 노력하렴. 엄마의 영혼과 몸은 언제나 너희와 함께 있단다. 안녕.

어젯밤 이야기

그녀가 아파트 앞에서 만나자고 했다.

불쾌지수가 높은 여름 밤.

우리는 동네 맥줏집으로 갔다. 쉰세대인 나는 안주만 축내다가 맥주 한 잔에 쉽게 가고, 신세대인 그녀는 맥주 서너 잔에도 끄떡없었다.

"형님, 나 각 방 쓰지 오래야."

"어르신 말씀이 부부는 싸워도 엉덩이를 맞대고 자야 한다던데."

"그 인간 스타크래프트에 미쳤어."

"난 또 바람이나 난 줄 알았네."

"주제나 돼야 말이지."

"바람난 것보다 나아."

"얼마 전에는 갑옷을 산다고 숨겨둔 내 용돈도 가져갔어."

"인터넷 게임에서 갑옷도 사고팔아?"

"그럼, 에이 형님은 그것도 몰라."

"벌써 3년째야, 퇴근하면 땡하고 들어와. 그리고 새벽까지 방에 처박혀서 죽어라 게임만 하는 거야, 처음엔 봐 줬어 그런데 3년이 지나도 그래. 나는 종부로 매달 제사 지내느라 쌔가 빠지는데 이 인간은 게임에 미쳐서……."

참 요지경이었다. 인터넷에서 돈 주고 요상한 야동을 본다는 이야기는 들어도 게임에 미쳐서 아내와 각 방 쓴다는 소리는 처음이다. 나는 남편이 살아있을 때 꼬불쳐 둔 사랑을 여러 번 목격했었다. 그것보다는 약과라는 생각이 들었다.

그녀는 매일 밤 공원을 헤매고 다니다가 치킨집에서 맥주를 먹는단다. 그러다 알코올에 중독되었다.

"형님, 아이들이 크면 이혼할 거야. 날개를 달고 훨훨 날아갈 거야."

소설 이상의 《날개》에서 여자에게 의존하여 사는 남자는 여자가 주는 약이 감기약이 아니라 아드레날린이라는 것을 알고 비로소 자각한다.

옥상으로 올라가 '날자' 외치는 주인공처럼 그녀는 그녀의 남편으로부터 자유롭기를 원했다.

나의 지난 이야기를 들려줬다.

"이제부터라도 자기계발을 위해 애쓰면 좋겠어. 남편의 달콤한 한마디에 하루가 행복하고, 서운한 말 한마디에 불행해 하는 해바라기가 되지 말고 홀로서기를 하는 거예요."

그녀는 알겠노라 했다. 고칠 줄 모르는 제임 선생은 여사의 문제나 다름이 없는 모양이었다.

우리는 콩이야 팥이야 밤새도록 얘기하다가 새벽녘에 헤어졌다. 그녀가 노래방에 가서 한 곡 뽑자고 했지만 속이 볶여서 도저히 갈 수가 없었다.

니카타에서

신봉승 선생님 내외를 모시고 일본 여행을 떠났다.

이번 여행은 경원대학교에 재직 중인 장현숙 교수님의 주선으로 이뤄졌는데 경원대학교 교수와 문우가 일행이 되었다. 장 교수님은 만학도인 내게 소설을 지도해준 분이고, 나와 같은 고향인 신봉승 선생님은 '조선왕조 500년'을 집필한 작가이다. 여행은 단순히 즐기는 목적이 아니라 일본 문화에 대한 공부였다.

노벨문학상을 수상한 작가가 묵었던 유자와 온천으로 갔다. 소설 설국 첫머리를 쓰기 위해 동경에서 니가타를 아홉 번이나 오고갔다는 가와바타 야스나리. 소설의 첫 문장은 '국경의 긴 터널을 빠져나오자, 눈의 고장이었다. 밤의 밑바닥이 하얘졌다'이다. 국경이란 군마 현과 니가타 현의 접경을 말한다. 버스를 타고 우리가 군마 현과 니가타 현을 잇는 시미스 터널을 나왔을 때 눈이 있다.

소박한 여관에 도착했다. 여관에서 종사하는 사람들이 마중 나와 있었다. 일행은 유카타로 갈아입었다. 기모노는 뒤에 뱀이 똬리를 튼 것 같은 천이 있는데, 유카타는 목욕을 하고 난 후에 입는 가운으로 뒤에 똬리 같은 것은 없었다.

기모노는 일본 야마또 민족이 고온 다습한 여름과 추운 겨울을 나기 위한 대비책과 작은 체구를 감추기 위해 연구하여 개발된 옷이라는 유래가 있는가 하면, 일본의 국토가 소국들로 쪼개져 백여 년간 싸움을 계속했던 전국시대, 전쟁을 오래 한 터라 남자들이 많이 부족하여 기모노를 입게 되었다는 설이 있다. 기모노는 끈 하나 살짝 풀면 바로 알몸이 된다. 허리에는 담요마냥 큰 천을 둘러싸는 것은 어디서든 바로 성관계를 갖도록 되어 있다. 인구수가 늘도록 고안된 것이 기모노이라는 설도 있다. 기모노의 일종인 유카타로 갈아입으니 기분이 편치 않았다. 일본 여관에 왔다고 가이드의 지시대로 유카타를 입어야 할까, 나는 가져간 월남치마를 입었다.

《설국》 작가가 묵었던 방에서 밖을 보니 소설의 한 대목이 떠올랐다.

눈 내리는 계절을 재촉하는 화로에 기대어 있자니, 시마무라는 이번에 돌아가면 이제 결코 이 온천에 다시 올 수 없으리라는 느낌이 들었다. 여관

> 주인이 특별히 꺼내준 교토산 쇠주전자에서 부드러운 솔바람 소리가 났다. 꽃이며 새가 은으로 정교하게 새겨져 있었다. 솔바람 소리는 두 가지가 겹쳐, 가깝고 먼 것을 구별해 낼 수 있었다. 또한 멀리서 들리는 솔바람 소리 저편에는 작은 방울 소리가 아련히 울려 퍼지고 있는 것 같았다. 시마무라는 쇠주전자에 귀를 가까이 대고 방울소리를 들었다. 방울이 울려대는 언저리 저 멀리, 방울 소리만큼 종종걸음 치며 다가오는 고마코의 자그마한 발을 시마무라는 언뜻 보았다.

내게도 쇠주전자에서 부드러운 솔바람 소리가 들렸고, 방울소리만큼 종종걸음 치며 다가오는 고마코가 보이는 듯했다.

신봉승 선생님은 흔들리는 버스 안에서, 식사를 마친 식당에서 강의를 했다. 강의내용은 일본 문화가 우리나라에게서 어떤 영향을 받은 것인가였다. 수업 중에 특히 흥미로웠던 대목은 일본에서 보물 1호가 된 막사발이다.

임진왜란 때 우리나라 사람들이 일본으로 잡혀갔는데, 그 중에 도공이 있었다. 도공은 일본 사람의 지시로 도자기를 빚어야 했는데 신명이 나지 않아 밥그릇 같은 막사발을 만들었다.

보물 1호가 된 까닭이 있었다. 막사발에는 미세한 구멍들이 있어 외부 공기를 빨아들이고 내부의 습기를 내보내 숨을 쉬기 때문이다. 나는 강의를 들으며 아이들이 진열되어 있는 상감청자나 백자보다는 수묵화

그리는 화가의 그릇, 화초를 담는 화분, 뇐상 고수상 산상을 담는 단지, 주방에서나 손이 닿을 수 있는 곳에 있는 옹기 같이 쓰임새 많은 그릇, 그러나 일본에서 보물 1호가 된 그릇 생각이 나에게만 머물지 않고 세상의 안과 밖을 자유롭게 오고가는 숨 쉬는 막사발 같은 인물이 되었으면 좋겠다는 바람을 가졌다.

야광넥타이와 소영엄마

머리는 까만색, 턱수염은 흰색. 꽃무늬 와이셔츠에 녹색 야광넥타이를 맸다. 정장 재킷에 찢어진 청바지를 입은 모습에 쿡 웃음이 났다. 늙음에 대한 반란이라고 생각되지 않았다.

웃음보가 터지면 장례식장에서도 감당 못하는 나는 생각의 전환을 위해 창밖으로 시선을 돌렸다. 등 굽은 환경미화원이 그 남자가 맸던 야광넥타이 같은 띠를 어깨에 두르고 낙엽을 쓴다. 야광색은 위험으로부터 보호받고 싶다는 표시이다.

고개를 돌렸다. 그는 칠이 벗겨진 가죽가방에서 원고지를 꺼냈다. 교수님의 강의가 시작되었다. 교수님은 그에게 자작시를 낭송하라고 한다. 제목 '돌아앉은 고상' 그는 미사를 집전하는 신부처럼 시를 읽었다. 교수님은 졸고 있는 신자처럼 눈을 감고 시를 감상했다. 훌륭한 시라는 평을 받은 그의 얼굴이 잠시 형광등 아래에서 빛났다.

수업이 끝나고 그는 내게 돈을 건넸다.

"다음 학기에 못 나올지 모릅니다. 만약 나오지 못하면 등록 좀 해주세요." 아내가 있는 미국으로 가는가 물으니 고국에서 마음껏 여행을 하고 싶다고 했다. 나는 야광넥타이의 부탁을 들어주면서 다음 학기에 만나자고 했다. 그러나 그는 다음 학기에 출석하지 않았다.

그의 소식이 궁금했는데 어느 날 문우로부터 그가 말기 암 환자라는 소식을 들었다. 그가 사는 목련마을 아파트로 계속 전화를 했으나 수화기 속에서 다음에 걸어달라는 여자의 목소리만 전화선을 타고 전해졌다. 나는 비로소 그가 어떤 형식에 구애받지 않고 자유로운 행동을 했는지 이해할 수 있었다.

소영엄마가 그리웠다. 소영엄마는 미국에서 사귄 친구였다. 소영엄마는 자장면을 먹고는 이내 소화가 되지 않는다고 했다. 대수롭게 생각하지 않고 로스앤젤레스에 있는 한 병원으로 데려갔다.

배를 만져본 의사가 큰 병원으로 가라고 했다. 소영엄마는 말기 위암 환자였는데 한국에 꼭 한 번만이라도 다녀오고 싶다는 소원을 이루지 못하고 양로원에서 한생을 마감했다. 얼마나 고국이 그리웠으면 마지막 날에 한복 입혀 달라는 유언을 했을까.

소영엄마는 모국에 오지 못했지만 그는 한국에 왔다. 다행이다. 야광넥타이는 하늘나라로 갔을까. 완쾌되어 아내가 있는 미국으로 갔을까. 나는 아직도 그가 야광넥타이를 매고 여행 중이라고 믿고 싶다.

모순된 사랑도 아름답다

노교수가 출석을 불렀다.

뒷좌석에 앉은 친구가 대답하고 뒷문으로 빠져나갔다. 교수님이 호명을 멈추고 복도로 나가 엘리베이터 앞에 서있는 친구를 데리고 왔다.

“엎드려 뻗쳐!”

“못합니다, 교수님.”

지난 시간이었다. 교수님은 ‘윤리란 도덕 이전의 양심’이라고 강의하면서, 사회윤리에 어긋나 기사가 된 사건의 날짜와 내용을 적어 오라는 숙제를 냈다. 친구들과 나는 인터넷을 검색하거나 도서관에서 지나간 신문기사를 자료삼아 리포트로 냈다.

그런데 다름 아닌 오늘, 교수님은 사회모순을 나열하면서 우리나라가 요 모양 요 꼴이 된 이유가 기업이 부정을 일삼았기 때문이라고 했다. 그리고 과거에 회사에서 바른 소리를 했다가 쫓겨나 긴 세월을 백

수로 보냈다고도 하면서 졸업 후 취업하여 기업이 윤리에 어긋난 일을 보게 되면 모르는 척 눈감아 주라고 했다.

한 친구가 손을 들었다.

"교수님, 기업이 부패해도 그냥 모르는 척하라고요?"

"그래요, 요즘 같이 직장 구하기가 어려운 세상에는 그래야 합니다."

친구들이 앞 다투어 항의했다. 그래도 교수님은 조금 전의 입장을 바꾸지 않았다. 어떤 친구는 책상에 엎드리고, 몇몇 친구들은 쉬는 시간에 아예 집으로 가 버렸다.

교수님이 얼굴을 붉히며 나에게 물었다.

"강나현 씨는 어떻게 생각해요?"

"저… 저…."

나는 황희 정승처럼 말하고 싶었다.

부엌에 가니 하녀가 황희를 붙들고 안방마님이 그르다고 하소연했다. 자초지종을 다 들은 황희는 "그래 네 말이 옳다." 고 했다. 안방에서 마나님이 하녀의 행동이 잘못됐다고 했다.

황희 정승은 "그래, 네 말도 옳다."고 했다. 입장을 바꾸어 놓으니 모두 옳았기 때문이다. 그러나 나는 대답을 못했다.

학기가 끝날 때 학생들이 교수를 평가한다. 부드럽게 대하는 교수는 성적이 좋고, 옹고집 성격을 지닌 교수는 성적이 나쁘다. 때로는 감정을 함께 실어 평가하기 때문이다. 그런 사실을 잘 알고 있는 교수님은 인기와 좋은 성적에 연연하지 않고 제자들이 실업자 신세가 되지 않기만을 바랐다.

직장생활을 했던 나는 충분히 공감했다. 한 사람이 부정을 윗사람에게 이야기하면 승진하는 것이 아니라 좌천하는 것을 봤다. 물론 어떤 말의 톤으로 어떤 방법으로 상사에게 이야기하는 문제도 깊이 생각을 해야 한다. 어느 책에서 봤는데 부정을 알리는 직원을 승진시키는 상사도 있다고 했다.

옛날의 우리들은 스승이나 어르신들이 하는 말에 무조건 복종했다. 하지만 요사이 젊은 사람들은 나이가 들었다는 이유만으로 존경하지 않고 합당해야만 수긍한다. 교수님께 죄송했지만 친구들의 태도에서 사회의 희망을 발견했다. 또 교수평가에서 F점수를 받더라도 제자들이 편안한 삶을 살기를 바라는 교수님의 산과 같은 애정도 발견했다.

며칠 후에 수업금지 명령을 받은 친구를 복도에서 만났다.

"교수님 찾아뵙지?"

반 강제적인 말투였다.

"누나, 벌써 찾아뵀어요."

"참 잘했다. 교수님이 뭐라고 하셔?"

"아무 말도 안 하시던데요."

"크크크."

우리는 마주보고 웃었다.

주부도박단의 일기

2007년 12월 24일 맑음.

버스 안에는 몇몇 사람들이 앉아 있었다. 눈가에 짙은 초록색 아이섀도를 바르고 속눈썹을 길게 붙인 여자가 유리창에 기대어 졸았다. 그녀의 친구도 눈을 감고 버스가 떠나기를 기다렸다.

유리창에 비친 그녀들의 얼굴에 우리나라에서 주둔했던 미국병사와 결혼한 애자언니가 겹쳐졌다.

버스는 모래 없는 사막을 달려 어느 주유소에 잠시 정차했다. 그녀들은 밖으로 나가 담배 연기를 동그랗게 말아 밤하늘에 쏘아 올렸다. 버스는 콜로라도 강을 지나 라스베이거스에 도착했다.

24시간 산소가 퐁 퐁 퐁 흘러나오는 게임장은 의외로 공기가 탁하지 않았다. 풍만한 가슴을 절반 즈음 드러낸 원피스를 입은 웨이트리스가 술과 주스를 무료로 줬다. 새가슴인 나는 제일 작은 게임을 시작했다.

25센트 칩을 게임기에 넣으면 가끔 칩이 와르르 쏟아졌다. 그 소리가 내 귀에는 폭포수 소리로 들렸다. 점점 욕심이 커지기 시작했다. 다시는 오지 못할지 모르는데 딜러 앞에서 영화 속 주인공처럼 게임을 해봐? 새가슴은 고개를 흔들었다. 신주단지 모시듯이 겨드랑에 끼고 다녔던 플라스틱 통이 바닥을 보였다.

객실로 돌아오니 남편이 침대에서 신발을 신고 코를 골았다. 나는 건너편 침대에 누웠다. 천정에 게임기가 보이고 잭폿이 터졌을 때 빙글빙글 돌던 빛이 보였다. 조금 잠이 들었나 보다. 깨어보니 건너편에서 자고 있던 남편이 사라졌다. 남편이 신발을 신고자는 이유를 눈치채고 있었다. 내가 잠이 들면 살짝 숙소를 빠져나가 혼자서 블랙잭을 즐길 셈이었다. 왜 나를 떼어놓는가 하면 내가 돈을 잃으면 남편의 돈을 뺏어 게임을 했기 때문이다.

게임장으로 갔다. 남편은 게임에 열중하고 있었다. 남편과 조금 떨어진 곳에서 딜러 앞에 앉았다. 외국 사람들은 게임을 적당히 즐기다가 돌아가는데 끝까지 버티는 사람들 대부분이 한국 사람들이라고 호텔 종업원들은 말한단다. 초짜인 남편과 나는 끝장을 보는 한국 사람이다. 블랙잭에 도전하다가 돈을 몽땅 잃었다. 거울을 보니 텔레비전에 봤던 주부도박단처럼 얼굴이 까칠하다 못해 꼭 짜놓은 수세미 같았다.

다시 엘에이로 돌아가는 버스에 올랐다. 함께 왔던 여인들이 유리창에 머리를 기댄 채 자고 있었다. 붉은 백열등이 비치는 유리창에 검은 마스카라가 번져 있었다. 미국에서 결혼생활을 하던 애자언니가 이혼했다. 애자언니는 전혀 후회하는 눈지가 아니었나. 타국에서 달러를 벌어 한국에 있는 부모님께 보내 여생을 편안하게 해 드렸으니까 그것만으로 위로가 되는 모양이었다. 왜 버스 안에서 만난 그녀에게서 애자언니의 모습을 떠올렸을까. 고단한 어깨를 느꼈기 때문이었으리.

나에게서 미국이란 나라는 사막과 같아 혼자 모래 언덕을 걸어가는 것 같은 여정이었다. 비교적 낯선 나라에서 짧게 머물렀던 나는 오랜 세월이 지나도 이방인으로 살아가는 그녀들이 남처럼 느껴지지 않았다.

짬뽕

할아버지는 할머니가 잘못을 하면 회초리를 들고 뒷동산으로 따라오라고 했다.

시어머니가 된 할머니는 며느리 보기가 민망했으나 순종하며 나뭇가지로 만든 회초리를 들고 뒷동산에 올랐다.

한참 후에 집으로 돌아온 할머니의 종아리에는 회초리 자국이 없었다. 할아버지는 집안의 기강을 잡기 위하여 할머니를 모델로 했고 할머니는 그 뜻을 알아챘던 것 같다.

남녀가 유별하던 시절, 할아버지는 할머니를 데리고 뒷동산에 올라가 무엇을 했을까. 짙게 그늘 드리운 소나무 아래에서 도란도란 이야기를 했을지 모른다.

할아버지는 충청도 양반이었다. 턱에는 옥수수 수염 같이 수염이 길게 자라 있었고 겨울 아침에도 냉수마찰을 하여 피부가 뽀송뽀송했다.

아침은 산책으로부터 시작되었다.

깨끗한 한복을 입고 동네를 한 바퀴 돌면서 세상과 소통했고, 정오가 되면 어머니가 지은 따뜻한 밥과 반찬을 안주삼아 반주를 드신 후 나를 앉혀 놓고 사람은 한 가지를 보면 열 가지를 아는 것이니 무슨 일을 하더라도 야무지게 해야 한다고 일러주셨다.

삼촌이 불의의 사고로 돌아가셨다. 아버지와 작은아버지는 죽음을 알리지 못했다. 할아버지는 왜 군에 간 셋째가 휴가를 오지 않고 소식조차 없는가를 물었다.

아버지가 월남에 갔다고 거짓말했다. 할아버지는 안심하다가 작은아버지가 오면 다시 왜 오지 않는가 물었다. 아버지와 작은아버지는 마당에 나가 흐느끼며 울었다.

3년이 지났다. 할아버지는 더욱더 삼촌을 찾았다. 아버지와 작은아버지가 상의 끝에 삼촌의 죽음을 말씀드렸더니 할아버지는 대성통곡을 하고 그 후로는 한 번도 삼촌의 이름을 꺼낸 적이 없었다.

자식은 죽어 부모의 가슴에 묻힌다는데 할아버지는 삼촌을 가슴에 묻고 가족이 슬퍼할까봐 내색을 내지 않았다. 삼촌의 죽음이 안타까웠지만 할아버지가 슬픔을 감추는 모습이 더욱 안타까웠다.

취업하여 은행 창구에서 일할 때였다. 하루는 대차대조표와 손익계산서를 작성하다가 고개를 드니 하얀 한복을 입은 노인이 지나가는 모습이 보였다.

우리 할아버지였다. 하던 일을 멈추고 뛰어가 할아버지와 중국집으로 가 짬뽕 두 그릇을 시켰다. 할아버지와 처음 먹는 짬뽕이었다.

몇 달 뒤였다.

그날도 과중한 업무로 바빴는데 할아버지가 지나가는 모습이 보였는데 뛰어나가지 않았다. 기쁘게 해드려야겠다는 생각이 있었다면 과장님께 허락을 받고 할아버지와 뒷골목에 있는 중국집으로 가 짬뽕을 먹었을 것이다.

강릉에서 살던 작은아버지가 주문진에 있는 우리 집에 오면 할아버지를 안마해 드리며 귀가 어두운 할아버지 귀에 대고 동네가 떠나가도록 큰소리로 재미난 이야기를 들려주다가 지갑에 용돈을 두둑이 넣어드렸다.

할아버지와 한 방에서 살던 나는 하얀 눈깔사탕이 먹고 싶으면 할아버지 지갑에서 1원짜리 동전을 몰래 훔쳐 사탕을 사 먹고는 했다. 그 사실을 안 할아버지는 한 번도 내게 돈을 가져갔는지 묻지 않았고, 내가 아플 때마다 남은 용돈을 털어 큼직한 사과를 사와 먹이시고는 했다.

그런데도 나는 한 번의 짬뽕을 사 드리고 그 다음부터는 모르는 척했다. 재미있는 일이라고는 없는 할아버지가 지팡이를 짚고 거리를 다니며 무슨 생각을 했을까. 우리 앞에서 흘리지 않는 눈물을 거리에 다 쏟아내고 집으로 돌아왔을지 모른다.

작년 추석 때 춘천 천주교 공원묘지에 있는 할아버지에게 다녀왔다.

할아버지는 납골당에 계셨다.

묘비에 적힌 이름을 찾기가 어려워 처음부터 망자의 이름을 하나씩 하나씩 읽어가니 할아버지 이름이 있었다. 나는 가져갔던 술이랑 불어 터진 짬뽕을 할아버지 이름 앞에 놓고 비석을 가만히 쓰다듬었다.

할아버지가 할머니를 만났을까. 남의 시선이 부끄러운 할아버지는 천국에서도 에덴 동쪽 그 너머에서 도란도란 이야기하실까.

돼지고기 한 근에 백 원

꺅! 소리를 질렀다. 목이 없는 돼지고기가 차 트렁크에서 내려져 정육점 직원의 어깨에 매달려 있었다. 돼지고기는 정육점 안으로 들어가 낱낱이 해부되었다.

속이 빈 돼지고기는 천정에 거꾸로 매달렸다. 꼬리를 동그랗게 말고, 번호를 허벅지에 새긴 돼지가 새의 먹이가 되는 티베트의 망자처럼 느껴지기도 했다.

아치형으로 만든 풍선이 도로에 세워졌다. 오디오에서 뽕짝이 흐르고, 이어폰을 낀 정육점 직원이 핸드 마이크를 입에 대고

"자아아 돼지고기 한 근에 백 원 합니다, 빨리 나오세요."를 반복했다.

소식을 들은 할머니들과 유니폼을 입은 아파트 경비원들이 계단을 내려왔다. 우리 샌드위치 가게는 아파트 맞은편에 있는데 상가의 코너

에 자리 잡고 있어 풍경을 볼 수 있었다. 우리가게가 있는 동네사람들의 생활수준은 비교적 풍부했다. 공짜라면 양잿물도 먹는다는 속담이 있다. 돼지고기 한 근에 백 원이라는 액수는 공짜나 다름없다.

다소 젊은이는 나뿐이어서 약간 남세스러웠지만 나도 100원짜리 동전을 들고 행렬에 가담했다. 노인들과 나는 선생님을 따라가는 초등학생처럼 정육점 직원을 따라 안으로 들어 가 동전을 플라스틱 통에 넣고 돼지고기를 받았다.

다음날에도 개업 세일이 이어졌다. 육교 위에서 상추를 팔던 할머니가 일찌감치 자리를 잡고 있었다.

“상추는 어떡하고 오셨어요?”

“다 팔아봐야 얼마 안 되는데 그냥 두고 왔어.”

멋쟁이 할머니가 새치기 하려고 하니 상추 할머니가 치마꼬리를 바짝 붙잡으라고 해서 그렇게 했다.

내 차례가 됐다.

“양심을 팔지 맙시다, 9근 팔아서 900원이어야 하는데 돈통에 750원밖에 없습니다, 자아아 양심을 팔지 마십시다아아.”

정육점 직원은 코미디언 저리 가라할 정도로 웃기는 남자이다. 어차피 공짜나 마찬가지인데 이 150원이 모자라는 것은 오십 보 백보이다. 정육점 직원은 웃지도 않고 돈통을 들고 다니면서 노인들을 향해 외쳤다.

눈이 침침하여 동전을 구별하지 못했거나 착오를 일으켰을까. 그렇게 생각하다가도 정답을 찾지 못했다.

정육점 개업 행사가 끝나던 밤이었다.

우리 가게 앞에서 돼지고기 숯불구이 파티가 열렸다.

“노인들이 돼지고기를 노인정 냉장고에 보관했대요, 두고두고 잡수시겠지요.”

“좋은 일 하셨네요, 젊은 사람이 한 사람이라도 있었어요? 개업식 날은 손님이 북적거려야하는데 그분들이 빛내준 건 아닐까요?”

“완전 밑진 장사했어요.” 얼굴은 어두운 표정이었지만 말의 억양은 개업 때처럼 손님들이 북적대리라는 기대로 가득했다. 150원이 모자란 돈통을 들고 다니면서 양심을 팔지 말자던 정육점 직원의 무덤덤한 표정이 생각나 자꾸만 웃음이 나왔다.

제4장

어린 천사

아버지

1950년, 6.25 한국전쟁이 시작됐다. 7대 독자였던 할아버지의 강압으로 아버지는 작은아버지를 데리고 피난길에 나섰다. 배를 타고 밤에 도착한 곳은 어느 항구였다. 아버지는 작은아버지와 남으로 피난을 떠나 텅 빈 집에서 짚을 덮고 잠을 청했는데 폭격기가 폭탄을 쏟아 부었다. 파편이 아버지의 오른쪽 볼을 스쳐가고 다행히 작은아버지는 무사했다.

며칠을 보내고 다시 남하하기 위해 부둣가로 나갔는데 배가 막 출발하려고 하던 순간이었다. 아버지가 먼저 배에 탔으나 작은아버지는 육지에 남아 발을 동동 굴렀다. 배는 육지에서 점점 멀어졌다. 작은아버지는 배를 따라 바다에 들어갔다. 아버지는 곁에 있던 막대기를 동생에게 건넸다.

"형 형 형."

"이 막대기를 꼭 잡고 올라와."

작은아버지는 아버지가 건넨 막대기를 잡고 승선했다.

한편, 피난을 떠나지 않은 가족에게 아버지가 한쪽 다리를 잃었다는 소식이 피난민으로부터 전해졌다. 할아버지는 손수레를 가지고 매일 향호리 다리에서 작은아버지와 아버지를 기다렸다. 배에서 내린 아버지는 작은아버지의 손을 잡고 집 쪽으로 향했다. 어느 날 향호리 다리에 도착했는데 멀리서 할아버지가 보였다. 할아버지는 멀쩡하게 걸어서 오는 아버지와 작은아버지를 보시고 돌아서서 우셨다고 한다.

우리 아이들에게는 할아버지처럼 무작정 기다려 줄 아버지가 없다. 긴 부재중이라도 존재만 한다면 아무것도 바라지 않겠다. 아버지란 이 세상에 존재하는 것만으로도 아이들에게는 더 없는 축복이다. 아버지란 그런 사람이라는 것을 이제야 안다.

쓰리 고!

시인이자 칼럼니스트인 이 씨의 고스톱 손자병법을 보면, 게임을 하는 사람 모두가 돈을 잃는다고 했다.

노름은 안하는 것이 상책이지만 돈을 잃더라도 방어법이 필요하다. 수비는 최선의 공격, 적의 초구를 기억하되 승부와 무관한 패는 돌려라, 가장 중요한 것은 '아이쿠 피 박 당했는걸!' 하고 오두방정 떨면 그대로 되기 십상이란다.

사전에 이 정보를 입수하고 친정식구들의 돈을 싹 쓸어오기로 작정했다. 명분은 화목이었지만 현금이 오가는 마당에 화목이 어디에 있으랴. 전략 중 가장 중요시하는 것은 수비였다. 피를 우선으로 따서 최소한 피 박은 당하지 말아야 한다는 것이며, 광 3개가 들어와도 무조건 고를 하지 않는다는 상식적인 것이다.

아버지는 겨우 점수를 셀 정도이니 전략이란 있을 수 없다. 별 볼 일

없는 패를 내고 바닥에 깔린 화투 중에 제일 점수가 높은 화투를 가져가는 반칙왕 동생들이 문제였다.

평생 호구로 살아오신 어머니는, 화투판에서도 져 줄 요량으로 아예 돈주머니를 글러 놓고 치시는 거다. 신혼인 막냇동생 내외가 짜고 고스톱을 친다면 끝장이다.

씻어야 할 그릇을 설거지통에 재워두고 거실에 둘러앉았다. 첫 번째 패를 돌리면서 나는 연습 게임은 없다고 했지만 동생들은 연습 없는 고스톱이 어디 있느냐고 했다.

맏이인 내 말이 고스톱 법칙! 아! 그러나 내가 첫 판에 쌍 박을 썼다. 1초의 망설임 없이 동생 말이 옳다고 하면서 내가 잠시 미쳤나보다고 했다. 부모님은 딸의 막무가내기를 통과시키자 동생들도 도리 없이 따라했다.

어머니는 광만 팔았고, 아버지는 패를 받자마자 들어갔고 동생들은 무조건 고 고 고!

슬슬 점수가 올랐다. 지구력이 약한 나는 베개를 두 개 포개어 배에 깔고 엎드려서 고스톱을 쳤다. 올케는 점수도 제대로 세지 못하는 시아버지의 돈을 알짜 없이 가져갔고, 돈을 잃은 동생은 눈에 불을 켜고 복수전에 돌입했다.

욕심이 과해 초심을 잃었다. 아이쿠! 쌍 박 썼네 하면서 온갖 오두방정을 떨었다. 수비에 강한 동생들은 시간이 지날수록 화투 패를 돌리는 승리자가 됐다.

고스톱은 가족의 화합에 시내한 공연을 했다. 세대이라 서먹서먹했던 올케와 우리는 고스톱 동지가 됐고, 나는 김일성과 맞먹는 독재자로 낙인 찍혔다.

밤새도록 "설사했네. 쓰리 고! 똥 쌌네 피 박이네." 웃으며 비명을 질렀다. 아침, 돈을 딴 사람은 한 사람도 없고 모두 잃었다는 사람들 뿐이었다.

정승 집 개가 죽으면…

삼우제 날이었다. 고인의 옷과 소지품을 공원묘지 소각장에서 태우고 집으로 돌아오니 큰 동생이 한 박스의 서류를 건네주었다. 사무실 장부였다.

그가 없는 세상에 무슨 의미가 있을까. 혹, 공금 횡령한 직원이 있다 한들 무슨 소용이 있을까. 망각의 강으로 부드럽게 띄우면 될 것을. 그러나 내 손은 무의식적으로 상자를 열고 있었다.

미수금 장부와 입출금전표 그리고 예금통장을 보기 시작했다. 통장의 입출금 내역과 장부가 맞지 않았다. 전표 없이 인출한 돈의 액수는 예상을 뛰어넘었다.

대표가 사망하여 다른 사람에게 사무실을 인계하는 과정에서 유족에게 돈을 넘겨줄까 생각하다가 순간적으로 욕심이 났겠지. 불완전한 인간이니 그럴 수 있겠지만 모시던 대표의 장례식 날에 회사 돈으로 거하게 회식을 했다는 것은 묵과할 수 없었다. 김씨는 가짜 영수증을 만들어 착복했다고 했다. 고인은 김씨가 집을 구입할 때 아무런 근거도 남기지 않고 이자도 없이 거액을 빌려줬으리만치 제 살처럼 아꼈다.

사무실을 인계받은 사람이 계약서에 명기되었던 약속을 무시하고 우리가 받을 미수금을 착취했다. 새 주인에게서 일을 하는 직원들의 퇴직금은 미수금을 받아 지급할 요량으로 일부지급하고 일부는 남겨두었다. 직원에게 돈을 받으면 즉시 나머지 퇴직금을 주겠노라 약속했다.

남편은 직원의 생일이 다가오면 선물로 금반지를 준비했다. 그렇게 가족처럼 아꼈던 직원의 남편에게 전화가 왔다.

"여보시오. 만약 퇴직금을 즉시 갚지 않으면 좋지 않아요, 당신 아이들이 어느 학교 다니는 지도 모두 알아요."

법원에서 소장이 날아왔다.

소송한 명부에 김씨의 이름과 도장이 찍혀있었다. 정승 집 개가 죽으면 문상객이 많고, 정승이 죽으면 문상객이 없다더니……. 그 속담처럼 사람의 마음은 알 수가 없었다. 전화 온 사람의 나머지 퇴직금을 지불했으나 김씨에게는 지급하지 않았다. 전표와 장부를 들고 김씨가 새로 입사한 사무실로 갔다.

"벌써 이렇게 많이 컸네."

김씨가 아들의 손을 잡고 울었다. 나도 눈물이 났지만 참았다. 남편이 없는 동안 회사를 대신 꾸려나가느라 얼마나 고생했을까. 김씨 덕분에 병원비도 밀리지 않았어.

고마운 마음이 가득했지만 나의 표정은 쌀쌀맞기 그지없었다.

"나머지 퇴직금 달라고 소송을 냈던데요……. 가져간 돈으로 퇴직금과 상계하세요."

각서를 주고받고 밖으로 나왔다. 후련하기는커녕 마음이 오히려 불편했다.

하늘로 보내는 편지

텔레비전에 가수 이문세가 나왔어요. 당신은 생전에 이문세 씨랑 나이가 동갑이라고 했지요. 이문세 씨는 머리를 아이돌 가수처럼 세우고 빳빳한 와이셔츠 위에 검정색 정장을 입었더군요. 아이들에게 "너희 아빠도 살았으면 저 아저씨처럼 젊을까?" 물었어요.

예원이가 "저 아저씨보다 늙었을지 몰라요." 그랬어요. 그림이 그려지지 않아요. 당신은 45살에 세상을 떠났지요. 서른 즈음에는 조금 어수선한 모습이었고 마흔이 넘어서 당신은 더욱 중후해졌었어요. 중후함도 있고 싱그러움도 있다는 표현이 맞을지 몰라요.

아직도 그 모습으로 기억합니다. 내가 죽을 때까지 젊은 당신을 기억하겠지요. 시를 썼었는데 '당신 훗날 또 만나면 머리 하얀 나를 몰라볼까 두려워요'라고 했어요. 성당에서는 죽어서 다시 만나게 된다면 전혀 다른 사람으로 만난다고 하고 불교에서는 사람은 죽어서 윤회를 한다고 하는데 어떤 동물로 태어날지 구름으로 피안의 세계로 갈지 모를 일입니다. 종교에서 말하는 것에 의하면 어떻게 하든 당신과 내가 만날 확률은 없다는 것이지요. 상관없어요. 이상의 것은 그때 생각하면 될 일입니다.

당신이 가고 난 후에 남자로 살아가는 것이 얼마나 힘든 일인지 알게 됐어요. 물고기는 물속을 헤엄치면서도 물을 잊고 산다고 한 것처럼 곁에 있을 때 고마움을 모르고 살았습니다. 아름다운 사람도 있지만 때로는 나쁜 사람도 많았습니다. 그 못 믿을 사람들과 더불어 살아가면서 방어하고 투쟁해야 하는 남자들의 삶을 이제야 압니다.

나는 나약한 여자였습니다. 어디 가든 당신이 기사가 되어 태워줘야 했고 아플 때는 도우미 아주머니의 도움을 받아야 했습니다. 당신을 향해 돌고 도는 해바라기, 그것이 전부였습니다. 사람들은 남편 잃은 여자를 보고 입으로는 가여워하면서 속으로 함부로 생각을 합니다. 편견이 싫어 나약함을 감추기 위해 씩씩한 여자가 됐답니다. 그러니 이곳 걱정은 하지 마세요.

딱 한 번 사랑한다고 고백한 적이 있습니다. 당신이 숨을 거두는 그 순간도 아니고 서울대학병원에서 분당의 차 병원으로 올 때도 곁에 있어서 죽음을 실감하지 못했습니다. 동네 병원에 도착하여 엘리베이터 안이었습니다. 박진영의 노래 중에 엘리베이터 안에서 사랑을 고백하는 가사가 있어요. 내가 그랬잖아요. 당신도 내게 사랑한다고 한 번도 말한 적이 없지요. 정말 사랑은 했을까요. 우리는 입으로 사랑 따위를 고백하거나 표현 하는 것이 경박스럽다는 관념의 노예였습니다.

가끔 카페에서 얼굴 비비는 연인을 봅니다. 입을 쪽쪽 맞추는 외국인 커플, 두 손 꼭 잡고 간이역에 서 있는 여자와 남자. 여관비라도 주고 싶은 커플도 있습니다. 사랑표현은 법에 저촉되는 것도 아니요 세금을 내는 것이 아닙니다. 사랑을 확인하는 행위이지요. 그 확인은 용암 같은 엔도르핀을 생산하여 내면을 살찌워 가정과 사회에 봉사하지요. 나는 몰랐습니다. 미안해요.

값비싼 외투나 양복은 누나가 가져가고 아까워 보관만 하던 시계는 아들의 책상에 있습니다. 사진을 불태우고 싶었습니다. 당신의 물건을 보거나 사진을 보면 나는 지금도 1초 안에 울기 때문이지요. 아이들이 놀라면서 감춰 지금은 앨범 속에서 비디오테이프 안에서 당신은 말하며 웃습니다.

처음 만나던 다음 날인가 내게 편지를 써 보냈지요. 내 배에 당신 하나 못 태워 가리라는 내용이었는데 감동 받아 청혼을 받아들였습니다. 며칠 뒤에 알았는데 그 시는 이태백의 시였어요. 실망한 나는 답장을 하지 않았는데 지금에서야 씁니다. 중도에 나를 두고 혼자 바다로 갈 것을 왜 배에 태웠는지요? 꿈에서라도 대답을 듣고 싶군요.

바다를 떠도는 거룻배 드림

에스프레소 투 샷

여자 손님이 두 분이 왔는데 에스프레소를 주문하여 2,500원을 받고 커피 원액 원 샷을 드렸다. 에스프레소는 원두커피를 갈아 커피머신에서 뽑은 원액인데 한약처럼 진하고 썼다.

에스프레소 투 샷을 드신 분을 보지 못해 한 잔 드렸지만 손님이 원하면 언제든지 무료로 서비스했다.

여자 손님은 억양을 높은 도로 올리고 다른 카페에서는 두 샷을 준다고 했다. 그래서 원하시면 드린다고 했다. 말의 억양이 마치 하인을 부리는 투였다. 다음에 올 기회를 생각해서라도 웃고 말 것을, 그럼 다음부터 그 카페로 가셔도 좋다고 했다.

손님은 두 단 계 높은 도 음으로 화를 내면서 다른 여인에게 전화를 했다. 수수꽃다리 주인이 영 불친절하니 여기 오면 안 되겠다고 한다. 옆에서 들어보니 전화를 받는 사람이 뭐라고 길게 이야기하는 것 같았다. 전화 끊고 손님 중에 한 사람이 일회용 종이컵을 달라고 하여 에스프레소 두 샷을 종이컵에 담아 갔다.

우리카페랑 똑같은 메뉴로 카페가 개업했다. 우리카페가 앞면이라면 그 카페는 등처럼 뒤였다. 모 대학 교수내외와 딸 두 명이 자주 우리카페에 왔다. 꼬마들이 예의바르고 귀여워 드러내놓고 예뻐하면 불편해할까 봐 서비스로 마음을 전달했다. 교수내외가 새 카페에 있는 것을 몇 번 목격했다.

나중에 교수부인이 말하는데 내게 미안하여 다른 통로를 통해 집으로 갔다고 했다. 당연히 괜찮다고 했지만 아이들의 눈에는 미안함이 가득했다. 집으로 돌아가 자기 엄마에게 절대 새로 생긴 카페에 가면 안 된다고 했다고 한다.

카페를 꾸려가기 힘들었다. 아들과 딸이 도와주기는 했지만 자투리 시간뿐이었다. 임대를 주기로 했다. 정들었던 손님들과 만나지 못한다는 것이 제일 서운했다. 임대를 미루고 또 미루고 했다.

갑자기 임차인이 생겼다. 편지를 쓰겠다고 했다. 그동안 찾아주셔서 감사하고 만나지 못해 아쉽고 보고 싶을 것이라고. 아이들은 편지를 대문짝만 하게 써서 부치겠다는 나를 말렸다. 엄마만의 짝사랑일 수도 있다는 것이다.

그러나 몇 사람이라도 내 마음과 같다면 상관없으리라 생각하다가 갑작스럽게 임차인이 공사를 하는 바람에 편지를 쓰지 못했다.

허공에서 타자를 치다

낮에는 커튼으로 햇빛을 차단한 동굴 같은 방에서 자고, 밤에는 눈을 크게 뜨고 컴퓨터 화면을 주시한다. 글을 잘랐다가 붙이기를 반복하다가 쓰레기통에 처박힌다. 새벽에 구겨진 종잇조각을 다시 펴고 단락을 이어간다. 조각조각이 된 글은 언젠가 조각이불처럼 완성되겠지. 나는 봉두난발한 부엉이다.

텔레비전을 켜니 뉴스에 법정스님의 다비식 장면이 나온다. 아나운서가 코멘트를 한다.

“법정 스님께서는 빈손으로 세상을 떠나셨습니다.”

“죽는 사람 누구나 빈손으로 가지, 아나운서가 돼가지고는.”

아나운서의 말이 옳다. 그러나 하늘이 알고 땅이 아는 사실을 유독 법정스님에게만 적용시키는 아나운서의 말이 주관적이라 생각한다. 나는 삐딱하다.

양재천으로 산모 갔나.

비탈진 언덕에 안내 글이 쓰여 있었는데 '내리막길이니 자전거는 내려서 가십시오.'라고 적혀 있었다.

"자전거가 어떻게 내려서 가누. 자전거를 탄 사람은 자전거에서 내려서 가십시오라고 해야지."

길바닥을 보니 언뜻 해석하기 어려운 영어가 씌어 있었다.

"영어를 왜 써? 우리말을 두고" 의미만 통하면 될 것을 관공서 전체를 싸잡아 또 흉봤다. 우리 아들도 그랬다. 나는 되도록 한글로 메뉴를 쓰라고 하지만 영어로 에스프레소니 커피를 쓴다. 다른 사람이 알면 "너나 잘 하세요."라고 할게다.

무슨 까닭에 점점 송곳이 되어 가는가. 풍경이 많은데 유독 잘못된 글자만 눈에 들어올까. 비판적인 성분을 유전자에 저장하고 태어났을지 모른다.

미사 시간이었다. 본당은 빌딩 1층에 있다. 성당 내부가 큰 상가 같이 평평해 제대와 성가대는 나무로 바닥에서 조금 높였다. 안이 좁아 작은 소리가 크게 울리는 성당 안에서 한 남자가 소리 내어 울었다. 마음이 아파 성당에 왔는데 왜 미사를 못 보게 하느냐면서. 미사가 중단되자 성가대원들이 남자를 들어 밖으로 데리고 갔다. 그 남자가 뒷문을 통해 다시 성당 안으로 들어와 또 가슴이 아파 미사를 드려야 한다며 큰소리로 말했다.

신부님은 따뜻한 억양으로 형제님이 그러하시면 미사를 드릴 수가 없다고 했지만 소용없었다. 남자는 또 밖으로 끌려 나갔다.

“그 형제는 다른 본당에서도 오늘처럼 행동을 했고 몇 주 전부터 우리 성당에 와서 자매님들에게 옳지 않은 행동을 했습니다. 그래서 밖으로 보낼 수밖에 없었습니다.”라고 했다.

신부님은 이해를 바랐지만 신자들의 반응은 냉담했다.

언젠가부터 강론내용 중에 단어 하나하나 문장 하나하나가 나의 잣대로 옳고 그름을 따지는 버릇이 생겼다. 1년 전에 강론했던 내용과 유사하면 직무유기를 그대로 눈감아 줄 수 없다고 혼자 언성을 높이며 ‘강론내용을 바꾸심이 어떠신지요?’ 라는 문구를 신부님 휴대폰에 보내드릴까 하는 고민을 했다. 심지어 그것이 신부님을 위하는 길이라고도 생각했지만 마음뿐이다.

눈을 감고 의자에 앉아 어떤 내용으로 강론을 할까 귀 기울였다. 신부님은 신자들로부터 왜 신부가 되었는가라는 질문을 가장 많이 받는다고 했다. 길에 가다가 하느님의 목소리를 들었는지, 첫사랑이 떠나가 신부가 됐는지.

고백하건데 어쩌다가 신학교에 가게 되어, 어쩌다 부제품을 받았는데 ‘이러다 신부가 되는 거 아니야?’ 하는 생각을 하던 차에, 어쩌다 신부가 되었다고 했다.

하물며 신부님의 동기 중에는 사제복이 멋있어 사제가 됐다는 친구가 있어 참으로 유치한 계기가 많다고 했다. 신부님은 그것이 바로 성

소라고 했다. 신자들이 폭소를 터뜨렸다.

강론하는 동안 갑자기 허공에 타자 한 대가 보였다. 자판이 하나씩 타자기를 '탁탁, 탁' 치면서 신부님의 말을 활자로 정확히 찍어냈다. 허공에 새겨지는 글자를 보면서 오래전에 탈고한, 구성이 탄탄한 신부님의 작품이구나 생각됐다.

헛것, 그놈의 퇴고 때문이다.

어린 천사

주의 기도를 노래할 차례였다.

신부님이 형제자매와 손을 잡으라고 했다. 옆 사람과 손을 잡는 순간 앞에 서있는 가족을 보게 되었다.

남자아이가 있었다. 아이가 그들 부부사이에 있어 부부는 서로 손을 잡지 못했다. 아이가 의자에 앉더니 부모의 손을 잡게 했다. 그리고 부모 손 위에 놓지 자신의 손을 올렸다.

아이아빠와 아이엄마의 시선은 여전히 제대로 향하고 있었지만, 아이는 엄마와 아빠의 얼굴을 번갈아보다가 손을 놓지 못하게 감시했다.

우리아이가 초등학생이었을 적이다. 남편과 나는 권태기를 맞았다. 결혼초기에는 권태기는 권태수 동생일 뿐이라며 권태기란 절대 존재하지 않을 거라 했다. 의학적인 연구 결과를 발표했는데 사랑을 느끼는 것은 호르몬의 작용으로 유효기간이 약 3년이랬다. 또 인터넷 카페에서 본 글에서는 불륜의 사랑은 3년이 지속되고 부부간의 사랑은 3개월이라고 하면서 부부란 가족이기 때문에 근친상간에 속한다는 해괴한 말도 했다.

믿지 못할 그 말들이 어느 날인가부터 현실로 다가왔다. 여러 가지 문제가 복잡하게 쌓여 남편이 헤어지자고 했다. 나는 결혼 후에 하루에도 열 두 번씩 이혼하고 싶은 심정이 들 때가 많았다.

특히 밤새도록 술을 마시다가 새벽에 들어와 신발을 벗지 않고 잠을 자다가 그대로 출근하는 모습을 볼 때가 더욱 심했다. 그래도 한 번도 결근하지 않은 태도를 보고 가정을 꾸리는데 문제가 없다고 진단하여 끝까지 결혼생활을 연장하기로 했는데, 막상 남편이 제안하니 자존심이 바닥에 패대기쳐진 기분이었다.

"그래요? 그럼 이혼합시다."

대답하는 순간에도 설마 이혼까지 하겠어하는 생각도 들었다. 우리의 이야기를 들은 아들이 무릎을 꿇더니

"아빠 엄마, 제발 이혼만은 하지 마세요, 제가 잘 할게요."했다.

냉담 중이라는 것을 알고 있었나보다. 우리는 더 이상 이혼에 대한 언쟁을 하지 않았다. 미사 시간에 본 아이도 우리아이처럼 위기를 느꼈을까. 어쩌면 아이의 부모가 더욱 굳게 손을 잡고 살아가기를 바랐을지 모른다. 아이는 부부를 연결해주는 단단한 끈이며 어린 천사다.

생두 볶는 사람

커피마스터프로그램에 등록했다. 훗날 바닷가 근처에 찻집을 차리면 배운 실력으로 커피를 제대로 뽑기 위해서이고, 지금은 생활 패턴을 바꾸기 위해서이다.

아침에 일어나 식사준비를 하고 위성방송국에서 방영하는 클래식 영화를 한 편이나 두 편을 보고 집안 청소를 마친 후, 외출했다가 저녁식사 준비를 하는 것이 일상이다.

아이들이 어렸을 적에는 교육하고 집안을 지탱해야 한다는 강박관념으로 허무한 생각이 가슴에 들어올 틈새가 없었다. 아이들이 성장하여 잔소리를 듣고 싶지 않아하는 표정을 보면 당연하다고 생각이 들다가도 허무감이 밀려오는 것이 솔직한 심정이다.

새로운 일에 도전해야 한다고 채근하고 또 채근했지만 선뜻 밖으로 나갈 용기가 없었다. 새벽녘에 눈을 뜰 때 잠자리에서 몇 번이고 다짐

했지만 막상 아침 해가 밝아오면 문 밖으로 나가기 싫어졌다.

어느 날 새벽 문득 소설가 이상이 쓴 날개의 한 대목이 연상됐다. 소설 속 주인공은 여자에게 빌붙어 사는 사람이다. 여자는 주인공에게 약간의 용돈을 주면서 밖으로 나갔다가 오라고 한다. 여자의 말을 듣고 바깥으로 나가는데 나갈 때마다 새로운 자극을 받아온다.

몇 번의 외출로 생각과 행동의 변화가 왔다는 생각이 들었다. 집안에 있지 않고 밖으로 나가면 변화가 찾아올지도 모른다는 확신으로 커피마스터 과정에 도전에 했다.

샌드위치 시범단지지점을 운영할 때 커피를 커피머신에서 뽑았고, 수수꽃다리 카페를 2년 동안 운영하면서 에스프레소를 많이 만들었다. 초보보다 수월하겠지만 커피의 맛을 제대로 낸다는 보장은 없었다. 커피마스터 자격증을 취득하면, 생두를 볶는 과정도 배워 훗날 커피 집을 차렸을 때 왔던 손님이 다시 찾아오는 것이 목표이다.

커피 맛을 제대로 낸다고 해도 계속 유지할 수 있는 지구력이 있는가가 문제다. 아이들에게는 이번에 커피가게를 내면 끝까지 하겠다고 큰소리를 쳤지만 지난번 카페를 할 때처럼 카페 문 앞에 '잠시 외출 중입니다, 미안합니다.' 라는 쪽지를 남기고 영화를 보거나 여행을 떠날지 모른다. 그러나 나의 노계를 위하여! 커피마스터 과정을 이수할 참이다.

난

입술을 열고 웃는다.

"올 겨울에도 꽃을 피워줘서 고맙네."

화답하듯 꽃잎을 흔들어 보인다.

난은 아파트단지 내에서 장이 열릴 때 산 화초로 잎사귀가 넓고 약간 아래로 쳐져 있었다. 하나에 이천 원인가하는 난을 사서 검은 비닐봉지에 담아와 빈 화분에다 심었다.

생각나면 한 번씩 물을 주고 블라인드가 드려진 베란다 구석에 두었다. 우연히 다른 화초가 있는 곳으로 옮겨 베고니아 바이올렛 남천과 같이 볕 좋은 곳에 두고 자주 물을 주며 잎사귀도 닦아줬다.

한 달 즈음 지났을 때이다. 난의 잎사귀가 죽어가고 있었다. 흙을 파고 뿌리를 봤더니 물을 너무 자주 준 탓에 썩어 있었다. 다시 구석진 자리로 옮겨놓고 가끔 물을 줬다.

베란다 청소를 하다가 화분을 쓰러뜨렸다. 허리에 길게 S자 금이 갔다. 금이 간 부분을 맞춰보니 난을 키우는데 문제가 없었다. 5년 정도 지났다.

나팔꽃이 보랏빛 금줄을 치는 아침이다. 베란다에 나가보니 난이 첫 꽃망울을 달고 있었다. 고동껍질 같은 줄기에서 차례로 꽃을 피웠다.

화분은 밤새 진통하는 난을 지켜봤을 것이다. 갓난아기에게서 나는 젖내 같은 향기를 맡고 기뻤으리. 아기를 화분에게 안겨 준 난. 온 신경세포를 금 간 부분으로 모아 난을 지탱해 준 화분.

화분처럼 상처를 간직하고도 나를 도와준 분들이 셀 수 없이 많다. 나도 난처럼 꽃다발을 드려야하는데… 이번에 나온 책을 보내드리면 “고마워.” 하실까.

스프 냄새나는 사제관

성당 입구에는 두 손 모은 성모상이 바다를 내려다보고 있었다. 초록색 뾰족탑은 회색 건물외벽과 잘 어울렸다. 사제관은 성당 뒤쪽에 있었다. 그 안에 파란 눈의 사제가 검은 사제복을 입고 조용히 걸어 다녔다.

사제관 출입은 제한되어 있었다. 내가 알기로는 성당에서 근무하는 사람과 식복사하는 아주머니가 전부였다. 우리는 항상 사제관이 궁금했지만 들어갈 수는 없었다. 고등학교 2학년 때 세례를 받기 위해 교리를 시작했다. 회의실에서 교리를 하다가 날씨가 차가우면 신부님은 사제관으로 가서 공부를 하자고 했다.

나와 친구는 떨리는 마음으로 사제관으로 갔다.

교리를 마친 후, 신부님은 우리에게 크림스프와 빵을 줬다. 생전처음 먹어보는 서양음식이다. 그 시절, 우리의 간식거리는 생선 도루묵 알을

쪄서 말린 것으로, 씹으면 오도독 소리가 나면서 액체가 흘러나왔다. 한참 씹다가 도루묵 껍질은 버리고 국물만 삼켰다. 스프와 빵은 환상이었다.

성가대는 이층에 있었는데 종탑에서부터 내려온 밧줄이 있었다. 미사 시간이 다가오면 신부님은 굵은 밧줄을 힘차게 잡아 당겼다. 종탑에 있던 종이 아래로 내려왔다가 제 몸을 벽에 부딪쳐 종소리를 낼 때마다 나와 성가대원은 두 손을 모으고 기도했다

기도 중의 하나는 열댓 명의 사람을 위한 것이었다. 시내를 걷고 있는데 문협사란 서점 앞에서 상복을 입지 않은 사람들이 상여 앞에서 목 놓아 울고 있었다. 고깃배가 출항하여 어부들이 복어를 잡았는데 알에 독이 들었다는 것을 모르고 매운탕으로 끓여먹고 모두 사망해서였다. 나도 복어 알에 독이 있다는 것을 그때 처음 알았다. 어촌에 사는 사람들은 무지했고 가난했다.

세례를 줬던 신부님은 남편의 장례식장에 오셔서 교우들과 함께 연도를 드렸다. 신부님이 남편이 가는 길에 입관예식을 주관해 주셨고, 시숙의 손을 꼭 잡고 엘리사벳을 잘 부탁한다고 했다. 신부님의 이름을 모른다. 그저 강 신부님이라는 것 밖에는. 신부님께 여쭤봤다.

신부님께 고향이 어디냐고 물으면 '진주'라고 한다. 신부님이 태어난 곳은 파리 근처의 조그만 나라라고 했는데 잘은 모르겠다. 진주에 계셔서 진주 강 씨가 되었기에 고향이 진주가 됐다. 그만큼 한국을 사랑하

는 분이다.

한 가지 아는 사실은, 우리나라에서 제일 많이 헌혈한 분이고, 지금 지체장애우가 모여 사는 사천 예담의 집에 계신다. 얼마 전에 주문진 성당에 갔었다.

청년 체육대회를 준비할 때 배구선수였던 나는 공이 날아오면 공을 피했다. 배구 연습을 하던 운동장 옆 사제관에서 스프 냄새와 빵 굽는 냄새가 났다.

제5장

더디디더딘 사랑

모래 위를 걷다

소음으로 연주하는 오케스트라

산딸기

더디디더딘 사랑

벚꽃 핀 거리에서

검은 연기 같은 고통이여 안녕

한 닢 한 닢 잎사귀를 키우는 남천

보따리 합창단

지팡이 짚은 사내

2010년 4월 29일

모래 위를 걷다

제부도로 차를 몰았다. 외딴섬에 노송이 몇 그루 서있고, 관광객이 버리고 간 소주병, 널브러진 조개껍데기, 썰물이 지나간 갯벌을 석양은 붉은 치맛자락을 너르게 펼쳐 덮어주고 있었다.

해변을 걷다가 각자 헤어져 조가비를 줍기로 했다. 친구들은 남쪽으로 가고 나는 반대 방향으로 걸었다.

조가비를 주웠다. 한쪽 귀가 없는 소라껍데기, 울퉁불퉁한 등이 굽은 전복껍데기, 앙증맞은 조가비……. 흩어졌던 친구들이 모였다. 닭살커플은 주홍빛 소라를, 나는 개성 넘친 조가비를 꺼내놓았다.

친구는 딱 한 개의 조가비를 내밀었다. 주먹만 한 크기의 조가비는 물살에 씻겨 둥글고, 껍질은 광채가 났다. 나이테 같은 주름이 촘촘한 껍데기는 층마다 다른 색깔을 띠었다. 눈부시게 아름다운 조가비는 최고의 만화가가 되겠다는 친구의 상징 같았고, 어디에서나 볼 수 있는 조가비는 나의 모습 같았다.

밤하늘에 초승달이 요람처럼 떠있다. 파도는 은회색 드레스를 갈아입고 해조음에 맞춰 왈츠를 춘다. 파란 조가비는 오랜 세월 동안 물살에 씻기고 떠밀리면서 채색된 껍데기일 것이다. 나는 파란 조가비를 찾으러 모래 위를 걷는다.

소음으로 연주하는 오케스트라

아파트단지 안에 장터가 열렸다. 얼굴에 주근깨를 그린 각설이와 머리에 빨간 핀을 꽂고 남자각설이가 장구를 쳤고, 모자에 만 원짜리 지폐를 꽂은 각설이가 춤을 췄다. 아이들과 할머니들이 작은 의자에 앉아 박수를 쳤다.

공연은 아파트 단지를 통째로 들었다 놨을 정도로 시끄러웠다. 밤 여덟시, 텔레비전에서는 야구 중계가 한창이었지만 소음에 항의하지 않았다.

아파트 베란다에서 창문을 열면 논이 보인다. 개구리들의 울음에 잠자기 어려울 정도였다. 개구리들의 울음은 짝 찾는 신호라는데, 고 조그만 몸에서 어떻게 그리도 큰 목소리가 나오는지. 개구리는 짝을 찾을 때 온몸으로 울어야 하나보다.

호박잎 틈새 사이로 분꽃이 고개를 내민 용인의 시골마을은 도시에서 밀려난 피난처이거나 유배지 같은 느낌을 지울 수가 없었다. 천당 옆에 분당이라고 비유하는 도시에서 살면서 나도 중산층이라고 한때는 생각했었다.

선조처럼 논 한 뙈기 팔아 자식 공부시키고 또 사정이 여의치 않으면 밭 한 뙈기 팔아 가정을 유지한 것과 같이 나도 남편이 상속한 재산의 일부를 팔아 생활하면서 아이들을 양육했다. 집값이 비싼 분당 아파트를 팔아 대출을 갚고 용인으로 이사 왔다.

장터에서 만난 사람들은 열등감이 기우에 지나지 않았음을 확인시켜 주었다.

1일 장터는 단순히 물건을 사고파는 교환의 장소가 아니라 사람과 사람이 만나 소통하는 광장이다. 손을 잡고 나온 가족들은 이웃사촌들과 어울려 닭똥집과 막걸리를 먹으면서 각설이 타령에 맞춰 노래를 불렀고, 음식을 장만하는 장사꾼들은 각설이가 들려주는 노래를 들으며 노동을 달콤하게 즐기고, 바이킹 놀이기구를 타는 아이들은 배가 그네를 탈 때마다 기쁜 비명을 질렀다.

이런 소음들은 악기의 소리가 모여 오케스트라가 되는 것 같이 묘한 하모니로 들렸다.

만두와 머리핀을 사고 꼬마들이 하는 뽑기를 한 판 하고 잔치국수도 한 그릇 해치웠다. 북적이는 장터에서는 분당의 백화점에서 느꼈던 초라함은 멀리 사라졌고 어느덧 동네장터에서 만난 사람들의 일부가 되었다.

그동안 괴롭혔던 경제적 무력이라는 자괴감은 얼마나 큰 사치이며 오만이었던가. 천막으로 만든 국수집에서 본래로 돌아온 나를 보았다.

돌아오는 길에 각설이 공연장에 머물렀다. 리더 각설이가 여자 각설이를 소개했는데 이름은 탈자 성은 조 씨라고 했다. 장구를 치는 남자가 탈자의 남편이라고 했다.

부부 각설이는 리더 각설이가 노래를 부를 때 장구와 북을 쳤는데 밝은 표정으로 웃었었다. 그런데 시간이 조금 지나자 얼굴에 웃음이 사라지고 어두운 표정이었다.

리더 각설이가 불 쇼를 한다고 했다. 탈자는 휘발유가 든 통을 들어 입에 가득 넣었다. 긴 쇠꼬챙이 끝에 매달린 솜에는 휘발유가 가득 묻혀 있었는데 불이 활활 타 올랐다.

탈자가 휘발유를 내뱉으며 쇠꼬챙이의 불을 점화했다. 입에서 나온 휘발유와 불이 붙어 폭발적이 불꽃이 일었다. 탈자의 남편은 아내의 불 쇼를 보지 않고 엿판에서 엿을 잘라 플라스틱 용기에 담았다.

불 쇼는 길게 이어졌다.

두 손으로 가렸다. 탈자의 고단한 삶이 내 삶과 포개졌다. 탈자는 힘든 불 쇼를 용감하게 진행했다. 장터를 돌면서 엿을 팔면서 가위질을 해대는 탈자는 생각하는 것만큼 경제적으로 빈곤하지는 않을지도 모른다. 자신에게 주어진 현실을 소중하게 여기며 최선을 다해 살아가고 있을 것이다.

나도 때로는 남자도 하기 힘든 일을 감내하면서 하루하루 최선을 다한 적도 많다. 가끔 밀려오는 추락한 자의 고통을 느끼기는 해도 그리 가난하지는 않다.

그러나 매번 힘들어했다. 탈자의 에너지가 서서히 시들어가는 열정을 점화했다. 조금씩 환해지는 가슴을 느꼈다. 네온사인 반짝이는 바이킹 놀이기구는 밤하늘을 밝히고 별도 그 옆에서 작은 빛으로 관람하고 있었다.

산딸기

친구의 소개로 창호공장에 입사했을 때의 일이다.

점심시간에 배달된 점심을 먹었다. 난생처음 공장에서 일하는 나는 남자직원들과 좁은 식당에서 함께 밥을 먹는 것이 어색했다. 공장 안에서 일하는 순자언니가 점심 먹고 난 후에 산딸기를 따러가자고 했다.

언덕에 올랐다. 밤꽃 냄새가 나는 오솔길에는 빨간 산딸기가 지천이었다. 산딸기를 따서 주머니 속에 넣었다. 오후 1시. 멀리서 잠시 쉬던 기계소리가 크르렁거리며 산속으로 퍼져나갔다.

비탈진 언덕을 내려와 공장 마당에서 산딸기를 깨끗이 씻어 대바구니에 담아 사장에게 권했다.

한 청년이 창틀을 절단하는 기계에 손가락이 베이는 사건이 벌어졌다. 조금만 더 손가락이 기계의 톱니바퀴에 깊숙이 들어갔다면 공장장처럼 인조손가락을 해야 할 정도였다. 즉시 병원으로 가 치료하여 다행히 손가락에 깁스만 했다. 대학교를 졸업하고 중소기업에 입사원서를 냈지만 취업이 되지 않아 공장에서 일하던 청년이었다.

상처를 치료하느라 며칠 결근을 했다. 그 청년과 같은 나이에 공장직원으로 일했던 사장은 더한 상처를 입고도 일했노라 했다. 그 말이 전해졌는지 청년은 손가락에 깁스를 하고 출근하여 청소했고 사장은 유리창에 서서 직원들의 근무태도를 체크했다.

점심시간이 되었다. 나와 순자언니는 작은 방을 개조한 식당에서 음식을 차려놓았다. 숟가락을 밥상에 놓고 있는데 공장장이 공장에서 사용하던 대형선풍기를 식당 쪽으로 돌려놓았다.

"언니, 식당에 에어컨 없어요?"

"없어, 몇 년 째인지 몰라."

밥 먹던 숟가락을 내려놓고 생수만 들이켰다. 나는 에어컨이 빵빵한 사무실에서 사장과 사장 여동생과 사무를 본다. 그래서 식당과 공장내부가 찜통인지 몰랐다. 사무실로 돌아왔는데 직원이 지나가는 말로 손가락을 절단할 뻔했던 청년이 의료보험에 가입되지 않아 치료비가 많이 나왔다고 했다.

그 말을 듣고 서류철을 뒤적였다. 직원의 말과 같이 직원들의 의료보험, 고용보험 연금보험이 가입되어 있지 않았다. 고용주는 절반 부담하는 보험금이 아까웠고, 직원들은 보험에 가입했다가 퇴사하면 적립금을 돌려받지 못해서였다.

3대 보험에 가입하자고 했다. 사장은 의외로 순순히 내 말에 동의했다. 즉시 고용보험에 전화하여 가입에 대한 서류를 팩스로 보내고 연금보험사와 국민연금 보험사를 방문하여 가입을 마쳤다. 모두 하루 만에 이루어졌다.

노동법이 지켜지지 않을 때 일부 지식인들이 공장에 위장 취업했었다. 흰 와이셔츠를 벗고 작업복을 입은 직공이 되어 고용주의 횡포에 항거하면서 열악한 환경에 저항했다. 나는 큰 뜻을 품은 지식인이 아니라 무료한 일상을 견디지 못해 공장에서 일하는 여자일 뿐이었다.

절이 싫으면 중이 떠나면 된다고 하듯이 회사가 싫으면 내가 떠나면 된다. 아침과 저녁 사이에 새참을 먹었는데 언제나 메뉴는 불어터진 물냉면이었다. 사장에게 새로운 메뉴를 주문하자거나, 아침을 먹지 않고 출근하여 노동하는 직원들을 위해 빵과 우유를 준비하자거나, 식당에 에어컨을 놓자고 건의하지 못했다.

생각은 굴뚝같았으나 건의해 본들 사장이 내 의견을 들어줄 것 같지 않았고, 직원들조차 불평하지 않고 땀 흘리는 데는 그만한 사유가 있다는 생각이 들었을 뿐더러, 소개해준 친구에 대한 도리가 아니라는 생각이 들었기 때문이다.

비가 억수로 내리던 날, 군말 없이 사직서를 냈다. 굳이 사직서를 내지 않고 다음날 출근하지 않아도 사장은 별로 궁금해 하지 않을 것 같은 존재가 바로 나였다. 과장이 집까지 바래다주었다. 차에 앉아 긴 이야기를 나누었다.

나는 왜 직원들이 부당한 대우에 대해 건의하지 않는가 물었다. 과장은 "직원 두세 명만 결근해도 당장 공장 문을 닫아야 해요. 하지만 목구멍이 포도청이라……." 사장에게 잘 보이려고 산딸기를 대접한 내가 부끄럽고, 옳은 소리 한 마디 못하고 퇴사한 내가 싫고, 공장직원들은 인내하는데 사장이 싫다고 입사한 지 두 달 만에 퇴사하는 한계가 한심하고, 쇳가루가 퍼져 피부병을 앓는 공장직원들이 안타까워 속으로 억수로 울었다.

더디디더딘 사랑

먼 나라에서 위험에 처했을 때 수녀님을 찾으면 기꺼이 도와주시리라 생각하고 신부님께 말씀드렸더니 수녀님의 거처를 알려주셨다. 딸은 수녀님의 주소를 부적삼아 들고 여행을 떠났다. 로마에 도착한 딸은 수녀님께 전화를 했다.

수녀님은 예원이가 오기 전에 수녀원에서 수녀님들의 가족을 위해 마련해 둔 숙소 앞에 예쁜 카드를 꽂아 놓고 '예원아 환영한다!' 라고 적어두었다. 이틀간 머물렀다.

하루는 로마시내 여행을 갔는데 수녀님이 맛있는 샌드위치를 싸서 도시락을 준비했다. 나는 그날 로마에 없었지만 딸과 수녀님이 신나게 구경했을 모습이 그려진다.

수녀님은 특유의 맑은 웃음을 지으며 빠른 걸음으로 앞장을 섰을 것이고 딸은 영화에서 봤던 어린 소녀처럼 따라 갔을 게다.

헤어지던 날.

수녀님은 비디오테이프를 선물로 줬다. 한국으로 돌아온 딸에게로부터 수녀님이 보낸 테이프를 봤다. 수녀님이 이곳저곳을 다니며 찍은 영상은 성경말씀과 어우러져 감동적이었지만 멀리 달아난 나의 신앙심은 돌아오지 않았다.

식상한 표현으로 신은 존재하지 않는다고 생각했다. 이유는 남편의 죽음 때문이었다. 죄 없이 살려고 노력했고 가끔은 봉사하며 살았는데 보상은커녕 벌을 받았다. 내게서 예수는 예언자 중의 한 사람, 가난한 목수의 아들일 뿐. 앉은뱅이도 일으켜 세웠다던 예수에게 남편의 치유를 그토록 청했는데 신은 외면했다.

주여 은혜로이 내려주신 이 음식과 우리에게 강복하소서? 음식은 남편이 상속한 재산이다. 기도한 들 착한 일을 한 들, 주께서 강복하시겠는가. 믿을 것은, 부끄럽지만 돈 밖에 없다.

가슴이 마른 땅처럼 버석거렸다. 매일 미사 가는 교우에게 '당신은 속고 있다. 이 땅에 교회가 없으면 악이 범람할 것이다. 그래서 교회는 지구상에 가장 오래토록 남아 천당과 지옥을 설교할 것이다.'

책을 쓴 작가의 말을 빌어 신을 모독했다. 복수였다.

크리스마스이브. 인터넷을 클릭했다. 사이트에서 예수의 일대기를 적은 글이 빼곡했다. 암기하고도 남은 내용들. 갑자기 신비하게 눈으로 들어왔다. 처음인 것처럼 읽었다. 예수가 88세에 죽었다가 부활했다면 2000년이 넘도록 경배했을까. 젊은 남자의 죽음이 몇 천 년이 흘러도 감동으로 남아있는 것은, 그의 이야기를 쓴 책이 세계에서 베스트셀러가 된 이유는 무조건 사랑하라는 말 때문이다. 진정으로 예수를 사랑하게 된 기간은 세례를 받고 30년이 지난 뒤였다.

사랑이란 무엇일까. 내게서 사랑이란 처음에는 호기심이었다가, 집착이었고 구속이었다. 세월이 가면 갈수록 바람에 흔들리는 나뭇가지, 하지만 없으면 도저히 세상을 살아 낼 자신이 없어지는 절대적인 것이어서, 그 생각에서조차 벗어나고 싶었다. 하루도 먹지 않으면 죽을 것 같은 밥과 같은 것, 미움, 배신과 욕망이 수시로 드나드는 광장이거나 동굴. 이 모든 것이 앙금으로 남고, 정제된 물이 되는 것.

더디게 더디게 성숙하는 미숙아 같은 것이다.

벚꽃 핀 거리에서

거리로 나섰습니다. 벚꽃은 등같이 환합니다. 꽃이 바람을 타고 어깨 위에 올라앉습니다.

차의 머리 위에, 유리창에도 바람이 꽂아 준 꽃이 파르르 떨고 있습니다. 아, 또 있습니다. 바람에 가벼운 육신을 뉘이고 흘러가는 꽃도 있습니다.

아저씨들이 손세차를 합니다. 고무호스에서 시원한 물줄기가 분수같이 뿜어져 나옵니다. 물방울이 꽃을 적십니다. 세수한 얼굴이 되어 웃습니다. 웃음바이러스가 번지는 봄입니다.

2011년 3월 11일.

일본에 규모 9.0의 지진이 일어났습니다. 순식간에 쓰나미가 덮쳐 실종과 사망자 수가 3만 명을 넘습니다. 원자력발전소에서 방사능이 폭발

하여 세계가 공포로 끓고 있습니다.

복구 금액이 300조가 예상된다고 합니다.

내가 아는 교사가 초등학생에게 집에 돌아가서 ARS휴대폰 문자를 사용하여 일본 돕기를 하라는 숙제를 냈습니다. 다음날 등교하여 어제 숙제 한 사람 손들어 보라니 두 명 밖에 없었답니다.

숙제를 해 오지 않은 아이에게 왜 일본 돕기를 하지 않았는지 물으니, 어머니가 "일본이 우리에게 한 짓을 생각하면 당해도 싸."라고 했다고 합니다. 조금 과격한 표현에 웃었지만 솔직한 심정으로 몇 사람들의 정서라고도 생각했습니다. 한류 배우는 거액을 기부했고, 가수는 자선콘서트를 열어 이익금을 일본에게 전했고, 소시민들은 작은 금액으로 도왔습니다.

경제가 좋은 일본을 부러워한 적이 있습니다. 그러나 이번 일이 생긴 후에 일본의 상처가 보였습니다. 지하철을 탔는데 일본사람들을 만났습니다. 큰 가방을 들었는데 초췌해 보였습니다. 방사선이 누출되어 일본 사람들이 우리나라로 왔나봅니다.

차가 빠르게 지나간 자리에서 벚꽃 무리가 일어나 일제히 춤을 추다가 다시 도로에 내려앉습니다. 이 꽃이 지고나면 내년 봄에 다시 벚꽃이 피겠지요. 다시 거리에 하얀 등이 걸리리라 믿습니다.

검은 연기 같은 고통이여 안녕

아파트 옆엔 중앙공원이 있다. 그곳은 지함 선생이 잠시 머물렀던 곳이라고 한다. 이 길을 산책할 때마다 양반의 신분을 버리고 방방곡곡을 여행하다가, 토담집에서 독거하여 토정비결을 쓰고 여생을 마친 이지함 선생의 마음을 헤아려 본다.

공원 뒤쪽에 위치한 기체조장으로 갔다. 백 사범을 문우로부터 소개받을 때, 백 사범이 백사처럼 머리가 희리라 생각했는데, 기공으로 단련되어서인지 나이가 많은 사범의 머리에는 새치가 한 올도 보이지 않았다. 기공을 하면 흰머리가 검게 되는 경우가 있다는데 내 머리카락도 희망을 걸어봄 직하다.

선천적인 기는 태반을 통하여, 후천적인 기는 호흡과 곡식이 모아져 생긴다. 기에는 신기(神氣, 정신활동과 관련 된 기)와 심기(心氣)가 있는데 문인들은 기를 통하여 정신을 맑게 한다고 한다.

30분 동안 몸 풀기 운동을 마치고 기공을 시작했다. 내가 하는 기공은 삼국지에 나오는 명의(名醫) 화타(華佗)선생이 가르친 오금희(五禽戲)이다. 오금희란 호랑이, 새, 사슴, 원숭이, 곰 다섯 가지의 동물 말한다.

고요한 선율이 공원 구석구석까지 퍼진다. 느리고 부드럽게 춤추면서 동작마다 의미를 둔다. 때로는 먹이를 겨냥해 무섭게 돌진하는 호랑이의 기개, 사슴처럼 먼 산을 응시하며 멀리 세상을 내다보는 지혜, 때 묻은 삶의 옷을 입은 사람들에게 웃음을 주는 원숭이의 재치가 나에게도 있기를 바란다. 미련함으로 주위의 시기를 사지 않은 곰의 현명함을, 외로움도 아름답게 승화시킬 수 있는 학의 우아한 자태를 머릿속으로 그려 보면서 동물이 된다.

중요한 것은 호흡이었다. 숨을 내쉴 때 내 안의 검은 연기와 같은 고통이 훅 빠져나가는 것 같았다. 연기 속에는 절대 용서할 수 없는 사람도 있다. 다시 숨을 마시면 하늘과 땅의 숨결이 내게 들어오는 것을 느낀다. 그러는 사이 순수한 마음과 사랑과 열정이 오고 내 안의 상처가 치유되는 것 같다.

백 사범 부인이 기공을 한 느낌이 어떠냐고 물었다. 잘 모르겠지만, 마음을 비우게 하는 체조인 것 같다고 하니, 기체조가 깊어지면 스님이 득도했을 때처럼 무아지경에 이른다고 했다. '생각은 하지만, 그 생각에 집착하지 않는 진정한 무념(無念)'이다.

중앙공원 호수 안엔 큰 산이 수 천년동안 거꾸로 서 있고 백조 한 쌍이 액자 속의 풍경처럼 앉아있다. 들꽃의 이슬처럼 영롱한 아침이다.

한 닢 한 닢 잎사귀를 키우는 남천

가지가 까맣다. 잔가지를 잘라보니 속이 맑다. 5월의 끝자락에도 잎을 틔우지 않는 나무. 조금 더 기다려보다가 기척이 없으면 나무를 쓰레기통에 버리리라. 참새가 나뭇가지에 잠시 앉았다가 날아간다. 나뭇가지가 잠시 흔들릴 뿐 미동이 없다. 또 잔가지를 툭 잘라본다.

지난겨울은 100년 만에 폭설이랬다. 태어나서 처음 큰 눈을 봤다. 새로 이사 온 집은 단독주택 2층이다. 아파트에 살 때는 베란다가 있는데 단독주택에는 없다.

문을 열면 제법 큰 테라스가 있어 화초를 그곳에 뒀다. 카페를 개업할 때 인테리어 사장이 부자 되라며 보내 준 식물이다.

카페테라스에 있을 때 남천은 여름에 하얀 꽃이 피웠다. 여름에는 잎사귀도 초록색이었는데 초겨울에는 단풍이 들어 잎사귀가 붉은 적색이었으며 동그랗고 빨간 열매가 맺혔다. 거리의 나무가 가지의 잎사귀를 버리고 홀가분하게 서 있는 겨울에 가끔 큰 나무의 나뭇가지를 분질러 봤다. 혹 나무가 죽지 않았을까 해서이다.

율동공원에 있는 두 그루의 나무인데 몇 년째 까맣게 서있다. 두 나무가 서로 기대어있는데, 마치 부부나무 미라가 나란히 기대고 있는 것처럼 보여 울컥했다. 무의식적으로 그 나무의 가지도 툭 분질러봤으나 속까지 까맸다. 그 후, 나는 겨울이 되면 까맣게 변한 나뭇가지를 자주 잘라보는 습관이 생겼었다.

눈이 쌓여 남천이 심겨진 화분을 방으로 옮겼다. 방의 뜨겁고 건조하여 다시 밖에 놓았다. 기온이 급 하강하면 다시 방에 들여놓기를 반복하다가 무거워 밖에 뒀다. 추운 날씨에도 잘 견디는 습성을 지닌 남천이 기어코 살아 내리라는 믿음이 있었다. 그런데 봄이 되어도 죽은 것 같았다.

빨래를 널다가 화초를 보면 와락 화가 치밀었다. 우리 동네 약국에 가면 화초가 싱싱하다. 약사와 약사 남편이 지극정성으로 키워 분재도 튼튼했다. 나는 생명력이 강한 남천까지 죽일 정도로 무성의하다.

"뿌리 끝에서 숨 쉬고 있는 거지?"

화답처럼 어느 날 적색 잎사귀 몇 잎이 보였다.

"참 용타, 그런데 왜 잎사귀가 어두운 적색이야?"

"난 좀 아파."

"그래 너를 치료해 줄게."

치료법은 하루에도 열두 번씩 눈길을 주며 물이 마르면 주는 것이다. 그랬더니 초록색 건강한 잎사귀가 보였다.

"네가 사람보다 낫다. 그 냉혹한 추위에 사람이 밖에 서 있었다면 동사했을 텐데."

남천은 부끄러운 듯, 한 닢 한 닢 잎사귀가 손사래 쳤다.

보따리 합창단

대청소하는 날이었다. 1분단은 창문 청소, 2분단은 교실, 3분단은 복도, 4분단은 화장실 청소로 나뉘어졌다. 1분단 아이들은 창문에 매달려 조잘조잘 떠들고, 2분단 아이들은 책상과 걸상을 끝까지 밀쳐놓고 공기놀이를 하고, 3분단 아이들은 복도에서 미끄럼을 타고 4분단 아이들은 아예 운동장에서 고무줄넘기를 했다.

잔무를 마친 선생님이 교실로 돌아왔다. 창문에 매달려 있던 아이들은 공중태기로 내려와 서 있고, 운동장 아이들은 얼굴이 벌겋게 되어 서 있고, 복도에서 미끄럼 타던 아이들은 바지 무릎이 반들반들하여 서 있고, 공기놀이하던 아이들은 돌공기를 등 뒤에 감췄다.

"모두 복도에 꿇어 앉아 두 손을 번쩍 들어라."

우리들은 쭉 꿇어 앉아 벌을 받았다. 복도를 지나던 다른 선생님은 혀를 차면서,

"그러게 진작 좀 잘하지."

다른 반 아이들이 일부러 구경하며 키득키득 웃었다. 선생님이 빗자루를 들고 교실바닥을 쓸고 있었다. 무거운 책상을 혼자 나르고 의자의 줄을 맞췄다. 아이가 울기 시작했다. 우리는 모두 따라 울었다. 어떤 아이는 콧물이 복도 바닥까지 떨어졌다. 선생님은 교실로 들어오라고 했다. 그리고는 아무런 말씀을 하지 않고 하교하라고 했다.

청개구리 같던 아이들이 합창단원이 되었다. 선생님은 전교에서 노래를 잘하는 아이를 뽑아 합창단원으로 만들지 않고 우리 반 전체를 합창단원이라고 했다. 우리는 수업이 끝나고 저녁까지 노래연습을 했다.

주영초등학교에서 합창 발표회가 열렸다. 라디오방송국에서 녹화를 하기로 약속되었다. 주영초등학교의 별명은 개구리였다. 행사만 있으면 비가 온다고 해서 붙여졌다. 주문초등학교는 보따리였다. 왜 보따리였는지는 아직도 모른다. 우리는 학교의 자존심을 걸고 한 판 승부를 벌여야 한다는 각오였다.

개구리는 전교에서 노래 잘하는 아이를 뽑았다. 그래서 노래의 음정과 숫자에서는 보따리가 불리했지만 우리는 같은 반 친구이어서 호흡이 잘 맞았다.

'파릇파릇 자라는 새싹과 같이 무럭무럭 자라는 나무들같이 너도 나도 씩씩하게 바르게 자라 이 나라에 기둥 되자 우리 어린이' 우리의 노래가 끝나고 개구리 떼들도 한 목소리로 잘 불렀다. 팔은 안으로 굽는다고 아직도 나는 보따리가 잘 했다고 생각하는 바이다.

소나무가 울창한 중학교 옆으로 간 우리는 나무 밑에 떨어진 솔방울을 주워 자루에 담았다. 솔방울은 겨울 땔감이다. 난로에 무연탄을 넣고 불을 피울 때 솔방울만큼 좋은 불쏘시개는 없다. 솔방울이 난로 안에서 탈 때 타닥, 타닥 소리가 들렸다. 아궁이에서 나무가 탈 때 지르는 괴성 같았다.

도시락을 싸 오지 않은 아이가 있었다. 선생님은 도시락 뚜껑을 열어 친구에게 주면서 교실을 한 바퀴 돌라고 했다. 친구가 돌 때 각자 도시락에서 밥과 반찬을 덜어 뚜껑에 담았다. 점심시간이 되면 여기저기에서 네모난 도시락을 흔드느라 디스코 춤을 췄다. 우리는 5학년 내내 즐거운 마음으로 친구들이랑 나눠 먹었다. 청개구리처럼 말썽을 부리던 우리는 선생님의 사랑으로 하나가 되었다. 주문초등학교 5학년 2반 담임은 최계선 선생님이다.

소망 중의 하나는, 언젠가 한 번 만나 선생님과 우리 반 아이들이 만나는 것이다. 까만색 교사복을 입은 선생님이 피아노를 치면 우리는 모이를 찾는 새처럼 입을 벌리고 합창하는 것이다. 그런 날이 내 생애 딱 한 번이라도 있었으면 좋겠다.

지팡이 짚은 사내

성당에서 레지 오 활동을 하고 있던 나는 과제를 하기 위해 한 양로원으로 갔다. 육중한 문을 열고 안으로 들어가면 정신 장애우와 환자 그리고 노인들이 있지만, 문을 열면 활기찬 걸음으로 일터로 향하는 사람들과 빠르게 지나가는 차들이 있는 도로가 있다. 나는 양로원의 문이 이승과 저승의 길목처럼 느껴지기도 했다.

실크 스카프를 쓴 여인이 휠체어에 앉아있다. 양로원 문 앞에서. 그 여인의 무릎 위에는 가방이 있었다. 초점을 잃은 눈에 하얀 동공이 그리운 누군가를 찾고 있는 듯 했다. 의미 없는 웃음을 웃은 여인은 감시가 소홀한 틈을 타 밖으로 탈출하기 위해 언제나 준비된 자세로 있다. 여인 곁은 지나 엘리사벳 할머니가 계시는 병실로 갔다.

자식을 위해 이민을 와서 한평생 고생하시다가 암 수술을 받은 할머니가 나의 근황을 물었다.

"아주 바쁘게 살아야해. 내가 기도할게."

나는 애써 눈물을 삼키며 할머니를 휠체어에 태웠다. 복도에서 휠체어를 세게 밀다가 나는 휠체어 아랫부분에 내 발을 올려놨다.

휠체어가 빠른 속도로 복도로 미끄러져 나갈 때 할머니와 나는 신난 어린이같이 즐거웠다.

또 한 바퀴를 또 도는데 복도 끝에서 45도정도로 절룩이는 남자가 지팡이를 짚고 걸어왔다.

똑

똑

똑

지팡이 소리가 복도에 울리자 느슨한 기운이 감돌았던 양로원이 갑자기 긴장했다. 지팡이 소리는 복지사가 왔다는 암호였다. 지팡이 소리가 사람의 말소리보다 더 큰 위력을 가졌다는 것을 처음 알았다.

노인과 환자들에게서 복도에서 울리는 지팡이 소리는 '어떤 경우에도 나는 당신의 편입니다' 라는 신호였고, 양로원에서 종사하는 사람들에게는 '환자들에게 잘 하시오'라는 경고로 들렸다. 그리고 머나먼 타국의 양로원에서 듣는 모국어는 더 없는 안심의 소리였다.

나는 휠체어에서 내려와 가만히 휠체어를 밀었다. 구릿빛 얼굴에 헐렁한 티셔츠를 입은 남자. 평상이 있는 시골 가게에서 맥주 한 잔 마시는 남자처럼 낯익은 모습이었다. 남자가 우리에게로 왔다. 남자는 할머니의 치마폭에 코를 대고 냄새를 맡더니, 목욕은 언제 했는가, 기저귀는

젖지 않았는지 물었다.

할머니는 침묵으로 간호사를 보호하려는 듯 아무런 말도 하지 않았다. 남자가 큰 목소리로 간호사를 불렀다. 멕시칸 간호사가 달려왔다. 남자는 유창한 영어로 빨리 목욕을 시켜 드리라는 명령을 했고, 간호사는 민첩한 행동으로 할머니를 모시고 가 목욕을 시키고 새 옷으로 갈아입혔다.

목욕을 마친 할머니의 작은 몸에서 재스민 비누냄새가 났다. 할머니가 잠든 사이, 남자는 병실 마다 차례로 방문하면서 노인들이 불편한 점이 없는가를 물었다.

집으로 돌아와 이웃사촌 에드윈 엄마에게 남자의 정체에 대해 물으니 미국정부가 임명한 복지사라고 했다. 다리를 심하게 저는 장애우에게 복지사라는 직책을 부여한 미국정부도 감동이었지만 불편한 다리로 자신보다 더 아픈 사람을 위해 봉사하는 지팡이 짚은 사내는 평생토록 잊지 못할 스승이다.

2010년 4월 29일

이틀째 비바람이 불었습니다. 하늘은 천둥으로 울었고 번개가 고드름 촉 같은 회초리를 드는 듯했습니다. 오늘은 천안함 사고로 숨진 46명 전사의 영결식이 있는 날입니다.

미국 대통령이었던 링컨은 이렇게 말했습니다.

우리가 사는 이 슬픈 세상에서, 슬픔은 누구에게나 온다
씁쓸한 분노와 함께 올 때도 많다
완전한 안도란 불가능하다
다만 시간이 약일 뿐
앞으로 괜찮아지리란 것을 지금은 믿지 못하지만
그렇지 않다
다시 행복해질 것이다

그것을 알고
그것을 믿으면
덜 비참할 것이다
내 경험에서 우러나온 말이다

그러하시기를 진심으로 기도합니다.

제6장

새로 찾은 대화법

곰돌이 수녀님과 아이들

새로 찾은 대화법

곰돌이 수녀님과 아이들

성당에서 10주년 행사를 한다기에 행사장으로 갔다. 영사실이 있는 위층, 맨 끝자리에 앉았다. 앞자리에 초등학생들이 하얀 옷을 입고 차례를 기다린다. 팸플릿을 펼쳐 출연자들의 경력을 보니 외국에서 공부하고 돌아온 사람과 높은 학벌의 소유자와 오랫동안 연주생활을 한 무명 스타도 있다.

첫 번째 순서로 여자 성악가가 나와서 클래식을 들려줬는데 노래 감상은 뒷전이고 붉은 드레스의 앞부분에 봉긋하게 보이는 앞가슴을 보느라 정신이 없다. 성악가가 왈츠처럼 몸을 가볍게 흔들 때에는 여자인 나도 정신이 몽롱하다.

차례를 기다리던 초등학생들이 하나 둘씩 일어섰다.

수녀님도 일어섰다. 막중한 몸무게를 자랑하는 수녀님은 햇볕에 검게 탄 얼굴이었다. 초등학생들이 무대에 섰다. 수녀님이 아이들이 보기 좋은 위치에 섰다. 1층 객석 옆은 무대에 선 아이들과 정면으로 바라볼 수 있는 위치다.

피아노 반주가 시작되고 아이들이 율동을 하면서 노래를 부르기 시작한다. 수녀님이 큰 동작으로 춤을 추기 시작했다. 입을 동그랗게 모아 노래 부르면서. 수녀님의 눈은 사랑으로 가득했고 입에는 멈추지 않는 미소가 흘렀다.

아이들은 율동이 틀릴까 수녀님만 바라다보고, 수녀님은 아이들이 율동을 잊어버릴까 봐 아이들만 바라다봤다. 관객의 반응이나 주위의 시선은 아랑곳하지 않고 서로에게 보내는 수화 같은 율동이었다.

스포트라이트가 비치지 않은 어두운 객석에서 춤추며 노래하는 수녀님이 최고의 연출자였다.

새로 찾은 내화법

아침마다 창문을 활짝 연다. 새로 이사 온 집은 1층이어서 도둑이 들어오지 못하도록 창문 앞에 철로 만든 막을 설치했다. 가끔 집이 감옥 같을 때 쇠창살 같다고 느낀다. 창문 너머로 예수님이 팔을 벌리고 서 있다.

"나의 모든 것을 당신께 의탁하나이다." 나지막이 기도하며 성호를 긋는다.

아파트를 팔고 집을 보러 다닐 때였다. 부동산중개사와 제일 먼저 온 집이 바로 지금 사는 집이다. 공원 옆 골목에 들어서니 허름한 3층 집이 있었다. 바로 그 집 뒤에 고상이 있었다. 사도회였다. 그즈음 우리 가족은 학교로 돌아가지 못하는 아들과 딸과의 미세한 감정마찰로 충돌하고 있었다. 가정에서 벌어지는 작은 전쟁이라고 여겨질 정도였다.

아이들은 나의 직설 내지는 독설이라고 때문이라고 했고, 나의 문제는 혼자 감당해야 하는 경제와 아이들의 양육이었다. 그런 것은 참을 수가 있는데 문제는 아이들이 커가면서 나의 말에 순종하지 않는 것이었다.

둥근 식탁에 앉아 가족의 불화에 대해 토론을 했다. 나는 아이들에게 엄마가 강원도 감자배우라 요령 있게 이야기하지 못한다고 했다. 그렇지만 서울내기인 너희들은 진실을 말하는 장소에도 말하지 않고 문제를 회피하는 습성이 있다고 했다. 아이들은 다른 사람 앞에서도 잘잘못을 따지는 엄마의 말이 가시처럼 박힌다고 했고, 나는 여태 그렇게 살아왔으니 너희들이 적응하며 살라고 했다.

아이들은 더는 나와 대화를 하기 싫다고 했다. 결론으로 심리학자를 찾아가 가족 모두 치유하자고 했다. 인터넷으로 알아보니 상담료가 일인당 백만 원의 비용이 들어 포기했다.

다음 날, 서점에서 가족의 심리학과 표현의 심리학, 그리고 삶이 내게 말을 걸어올 때와 마음을 열어주는 대화법이라는 책을 사서 밤새워 읽었다.

그 중에 해리엇 러너가 지은《사랑하는 사람들이 나를 힘들게 할 때 마음을 열어주는 대화법》에 아래와 같은 구절이 있었다.

> 자신의 생각을 말하고 '진실'을 드러내는 것이 언제나 좋은 일은 아니라는 것이다. 속생각을 있는 그대로 발설하는 일은 때때로 커뮤니케이션의 통로를 닫아 버리고 상대방에게 위축감과 수치심을 안겨준다. 심지어는 같

은 자리에 함께 있는 것마저 어렵게 만드는 경우도 있다. 대화 또한 만병통치약은 아니다. 문제를 해결해 보고자 말을 꺼냈다가 사태를 악화시킨 경험은 누구에게나 있을 것이다. 또 기분을 전환하고 볼링이나 치러 가야 할 시점에 특정문제에 악착같이 매달려서 분위기를 망치는 경우도 있다.

그 단락은 나의 대화법이 잘못되었다는 것을 인식시켜주었다. 아이들에게 잘못을 지적해주고 싶을 때 슬그머니 자리에서 일어나 내방으로 들어갔다. 내가 하고 싶은 진실에 대해 다시 마음속으로 정리를 하면서 어떤 방법으로 이야기를 시작해야 할까 고민한 후에 적당한 시간에 이야기를 했다.

나의 직설적인 대화법은, 시간을 두고 생각한 후에 부드러운 말하기로 변하기 시작했다.

그러나 아이들이 가정이라는 공동체를 함께 이끌어가지는 않았다. 각자 할 일을 적어 일을 분담하자고 했지만 실천되지 않았다. 아침 일찍 출근하여 늦게까지 일을 하니 피곤하여 방 정리나 집안 청소를 하지 않을 수도 있겠다 싶어 이해하기로 했다.

그래도 아이들의 방을 보면 화가 났다. 몇 달 어질러진 아이들의 방을 보지 않고 그냥 두었더니 주말에 방 정리를 하고 빨래를 세탁했다.

그래도 아이들과 나의 의지로 되지 않은 일이 있었다. 의식적으로 관심사를 다른 곳으로 이동하기로 했다. 책을 보고 취미생활을 했다. 그런 일이 반복되니 아이들에게만 집중했던 시선이 고스란히 이웃과 나에게로 모아졌고 불편했던 관계가 회복됐다.

미국의 동화작가이자 삽화가인 타샤 튜더는 '요즈음 사람들은 너무 정신없이 산다, 카모마일을 마시고 저녁에 현관 앞에 앉아 개똥지빠귀의 고운 노래를 듣는다면 한결 인생을 즐기게 될 텐데' 라고 하지 않았는가. 너무 바쁘게 사는 것이 오히려 사소한 행복을 방해할 수도 있겠다.

평화를 달라는 기도를 했다. 많이 들어주고 훈계하지 말게 해달라는 기도이다. 억지로가 아니라 진심으로 그런 마음이 들도록 해달라는 기도였다. 자꾸만 화살기도를 하면 귀찮아서라도 들어주시겠지.

"오늘도 우리 가정에 평화를 주세요. 아멘."

맑은 심상(心想)으로 빚어낸, 진정하고 처연한 삶

이 철 호
(소설가, 문학평론가)

1.

강나현의 작품들은 대체로 문장이 짧고 간결하여 군더더기가 없다. 그래서 신문 기사 문체같이 건조한 느낌이 들기도 한다. 그러나 단조로운 수필작법은 오히려 글의 뜻이나 의미를 명료하게 할 뿐 아니라 객관적이며 보다 큰 호소력으로 작용한다.

가식이나 꾸밈없이 진솔하게 고백하는 그의 수필은 오랫동안 삭히고 정제되어 깊은 울림이 있으며, 순진한 진정성이 가득하다. 그의 냉철하고도 절제된 감정표현은 어수선하고 고단한 삶을 사는 현대인들에게 영혼 속 깊은 곳까지 맑게 해주는 청정한 산소 같은 역할을 한다.

「어젯밤 이야기」에서 그는 어느 신세대 여성이 털어 놓은 남편과의 갈등과 고민을 들어준다. 여기서 작가는 그 여성의 갈등과 고민이 자신의 과거에 비하면 작게 느껴진다고 한다. 그러면서 자신을 아프게 했던 남편마저 세상을 떠나고 없는 지금의 외로운 속내를 털어 놓는다.

이 작품에서 "…그녀가 노래방에서 한 곡 뽑자고 했지만 속이 볶여서 도저히 갈 수가 없었다."고 한 것은 어쩌면 마신 술 때문이라기보다는 시린 마음 때문이라고도 생각해 볼 수 있다. 구멍 숭숭 뚫린 담벼락 같은 속마음이 엿보이는 대목이다. 문정희 시인은 그의 시 「남편」에서 이렇게 묘사했다. '세상에서 제일 가깝고 제일 먼 남자, 전쟁을 가장 많이 가르쳐 준 남자'가 남편이라고 했다. 하지만 그것은 남편과 함께 살 때의 이야기이고 남편을 먼저 세상 밖으로 떠나보낸 여인의 심정은 다를 수도 있겠다.

「샴푸한 머리처럼」에서는 취업이 쉽지 않은 이 시대의 아픔과 취업에 대한 사회의 일그러진 풍속도를 보여줬다. 취업 문제로 의기소침해진 딸에게 용기와 희망을 불어넣어 주고, 햇살처럼 따뜻한 그의 글이 모든 취업 준비생들과 그 가족들에게도 위로와 힘이 되어 준다.

수필 한 편에는 이처럼 우리의 지치고 피곤한 발을 씻어 주는 따스한 물과도 같은 힘이 있다.

2.

「니카타에서」는 제목 그대로 일본의 니카타 일대를 여행하면서 보고 듣고 느낀 것들을 자연스럽게 그려 낸 작품이다. 특히 임진왜란 때 일본으로 붙잡혀 간 조선도공이 빚었다는 막사발이 일본의 보물 1호로 지정되어 있다는 이야기를 듣고 느낀 생각들이 잘 묘사되었다.

또한 기모노에 대해 얽힌 이야기들을 전해 듣고 일본의 묘한 풍속에 관한 상념들을 재미있게 그렸다. 세세한 것들에서 건져 올리는 그의 신선한 문학적 포착력이 눈길을 끈다.

「모순된 사랑도 아름답다」는 인간이라면 누구나 지니고 있는 이른바 '양심'이라는 것, 질척한 삶 속에서 때로는 그것을 무시하거나 양심의 소리에 귀를 막아버리는 현실, 그리고 이로 인한 인간적 고뇌와 끊임없는 갈등을 아주 실감나게 그려낸 작품이다.

양심이란 사람과 같은 정신세계를 지닌 고등 동물에게만 존재한다. 그러면서도 인간은 양심 때문에 혼란스러울 때가 많고 굴레처럼 느낀다. 뿐만 아니라 치열한 경쟁 사회 속에서 타인을 물리치고 승리나 어떤 이익을 얻기 위해, 존재를 부각시키고 자기 합리화, 소속 된 집단을 위해 양심을 버리도록 직설적으로 혹은 은연중에 강요당하는 수가 적지 않다.

그리고 자신의 신념이나 도덕적 가치관을 선택했다가 타인들로부터 지탄의 대상이 되고 커다란 불이익을 받기도 한다.

그럼에도 불구하고 무슨 이유로 양심인가. 그것은 인간이 영적 존재로 옳고 그른 것이 무엇인지를 분별해야하며, 신이 인간에게 부여한 소중한 양심을 선한 소리에 귀를 기울여야하기 때문이다. 이 수필 작품을 하나의 커다란 독에 비유한다면, 그 독 안에 갇혀서 울며 호소하는 것 같은 양심의 소리가 여기저기서 들려오는 듯하다.

「행복을 위한 처방전」에서 그는 부끄러운 모습일 수도 있는 '짜증병'에 대해 솔직히 털어 놓았다. 그러면서 자신에 대해서는 누구보다도 자신이 가장 잘 알 수 있다면서 스스로 그 원인에 대해 규명 해 보고 나름대로 세세한 처방전도 작성한다. 그렇다.

그는 자신에 대한 진단과 처방을 통해 부족하거나 잘못 된 점들을 세밀히 파악 하여 자신에게 가장 좋은 치료법을 제시했다. 그리고 냉철한 투시력으로 내면을 탐사하여 보다 좋은'나'를 만들고자 한다. 피안의 세계가 아닌 현실 속에서 그리고 내면세계 속으로 빠르게 좌표 이동하는 의식 흐름이 강렬하게 느껴진다.

3.

「대한민국 아들」은 작가의 아들이 군대에서 운전병으로 근무하는 동안 있었던 여러 가지 일들을 소재로 하여 쓴 작품이다. 여기서 작가는 아들이 처음 휴가 나왔던 때와 두 번째 휴가, 그리고 그 이후에 계속되는 휴가에 따라 달라지는 여심(女心), 그 내면의 미묘한 변화를 가식없이 드러내 보였다.

하여 여자는 바람에 흩날리는 갈대라고 하지 않았을까. 작가는 개미나 풀벌레 같은 사물과 사소한 일상이라도 바라보는 시선이 남달라야하는 법인데, 이런 점에서 그는 확실히 남다르게 볼 줄 아는 작가적 시선을 갖추고 있다는 생각이 든다.

「벚꽃 핀 거리에서」에서 작가는 만개하여 마치 등같이 환한 벚꽃들을 바라본다. 화려하고 아름다운 꽃들의 환희에 웃음이 번진다. 그러나 그 무렵 일어난 일본에서의 대지진과 엄청난 쓰나미, 그리고 이로 인한 수많은 사람들의 희생과 충격을 함께 본다. 일본 대재앙의 모습에서 일시에 가득 피었다가 일시에 바람에 흩날리며 떨어져 버리는, 저 벚꽃무리를 떠올린다.

일시에 피었다가 일시에 저 버리는 벚꽃의 속성과 그런 벚꽃을 좋아

하는 일본인들, 그리고 이런 벚꽃처럼 대재앙에 일시에 무너져 내리던 일본의 모습을 서로 연관시켜 바라보고 있다. 이웃 나라의 참혹하고 애절한 아픔을 벚꽃과 연계시켜 수필로 형상화한 작품이어서인지 그들의 고통이 밀물처럼 빠르게 가슴 속 깊은 곳으로 흘러드는 듯하다.

4.

「우산과 고로쇠나무」는 남편이 투병 생활을 할 때 헌혈로서 도와주었던 군인들에 대한 고마움을 되새기며 쓴 글이다. 이 작품에서 작가는 생명의 기적을 위해 소중한 피를 기꺼이 나누는 군인들이나 헌혈자의 모습을 고로쇠나무에서 수액을 채취하는 모습으로 비유하여 그려내고 있는데, 그 뭉클한 이야기가 감동적이다.

주위의 사랑에도 불구하고 남편은 결국 사망하고 마는데, 이때의 무너져 내리는 가슴을 수필로 쓴 것이 바로 「냉동 서랍장으로 퇴원한 그대」이다.

배우자의 죽음은 참으로 슬프고도 괴롭다. 더욱이 진실로 사랑했던 사람과의 이별이라면 온 세상이 비틀거릴 정도의 충격과 슬픔이 크다. 헌데 작가는 남편을 산에 묻고 돌아오며 허망함을 역설적으로 이렇게 표현했다.

「…그를 묻고 돌아오는 날 하늘은 배신감 들게 맑았다」 왠지 몸부림치며 울부짖는 모습보다 더 깊은 슬픔이 느껴진다.

「산딸기」에서 그는 더불어 살아간다는 직장에서의 갖가지 모순된 현실, 부조리한 일상을 고발한다. 비인간적인 것들이 만연된 모습에 안타깝다 못해 혼란스럽기까지 하다.

왜 사람들은 서로 소통하지 않을까. 사랑하지 않고 아집과 독선으로 배격하는 모습을 보이는가. 이런 인간적 고뇌가 이 작품에서 메시지처럼 전해오는데, 어째 혼자서 발버둥치는 것 같은 안타까움마저 느껴진다.

빗속을 뚫고 달려가야만 비가 오지 않는 곳으로 갈 수 있다. 어둠을 가르고 달려 나가지 않고서는 빛이 있는 곳으로 갈 수 없다. 강나현은 고난의 빗속을 뚫고 온갖 암울한 어둠을 가르며 보다 밝고 희망찬 세계로 질주해 가는 작가라는 생각이 든다. 그만큼 그에게는 영적으로 깨어있는 삶에 대한 갈망이 크고, 이를 문학적 추진력으로 밀어붙이는 힘 또한 가슴 속에 크게 내재되어 있다.

인 지

쿨한 엄마의 진실

초판 1쇄 인쇄 | 2011년 8월 25일
초판 1쇄 발행 | 2011년 8월 30일

지은이 | 강 나 현
발행인 | 윤 영 희
주 간 | 이 은 별

발행처 | 도서출판 동행
출판등록 | 제2-4991호
주 소 | 서울시 중구 을지로 3가 302-18 난빌딩 303호
전 화 | 02-338-2734, 2285-0711
팩 스 | 02-338-2722

ISBN 978-89-94227-33-7 03810

정가 11,000원